河以江西

朱 虹 著

江西美术出版社
全国百佳图书出版单位

南 昌

序 | 江西美景 触动人心

林郑月娥

"采菊东篱下，悠然见南山""不识庐山真面目，只缘身在此山中""落霞与孤鹜齐飞，秋水共长天一色"，这些我们耳熟能详的佳句，都是古代大文学家笔下的江西景致，可见江西山水确能触动人心，让历代文豪结合自己当时心境而创作了大量留传后世的不朽名句。事实上，江西素有"物华天宝""人杰地灵"的美誉，承载着悠久的历史和璀璨的文化。

2024年4月，我应江西省文化和旅游研究推广协会和南昌大学的邀请，首次踏足江西省，七天的行程，游历了省会南昌市、上饶市、景德镇市和庐山，让我深刻体会到《千里江山图》所画的江西美景和这片土地的深厚人文渊源，真有"相逢恨晚"的感觉。

用一周时间去探索江西，是远远不够的，因此我这次访赣（江西省简称）之行只集中在最为人熟悉的江西独特景点和利用当地自然、人文资源打造的新旅游景区。在自然风光方面，有令诗人墨客流连忘返的庐山，有峰林奇观的三清山，有烟波浩渺的鄱阳湖；在历史遗产方面，有震惊世界考古界的汉代海昏侯遗址，有以王勃《滕王阁序》而闻名四海的滕王阁，有千年瓷都景德镇的御窑遗址，有明末清初著名画家朱耷的八大山人纪念馆；在景区建设方面，有以峡谷崖壁为特色的望仙谷，有依山而建的徽派古村篁岭，有以婺女飞天传说为文化背景的婺女洲度假区，有活化陶瓷工业遗址打造的陶溪川文创基地。这些商文旅的项目，充分体现了"绿水青山就是金山银山"的理念,为发展经济和提升人民生活水平作出了积极贡献。令我感受特别深刻的是"小平小道"这条约 1500 米连接邓小平先生在 1969 年 10 月至 1973 年 2 月期间在拖拉机厂工作,每天往返居所的小路。有说这是邓小平先生设计中国改革开放和中国特色社会主义等重要思想的萌芽地,不知道"一国两制"这开创性的伟大构想,是否也诞生在这条小道上呢?

　　要深刻领略江西深厚的历史文化底蕴,以符合今天游客追求的深度旅游,我们需要一部不一样的旅游指南。朱虹教授的《何以江西》,就是一部在梳理大量资料的基础上,创作的集风景、地理、历史、文化及名人故事于一体的难得作品。朱教授自 2010 年起在江西工作,先后任省政府副省长,省委常委,省委秘书长,省人大常委会副主任、党组副书记,目前是江西省文化和旅游研究推广协会会长和南昌大学的教授及博士生导师。他文学底蕴深厚,博学多思,著作甚丰,并拥有传媒人的敏感触觉和适合大众、深入浅出的表达方式。我有幸在参访江西期间聆听他讲江西的好故事,我深信《何以江西》一书定能讲好"江西故事"!

　　　　　　　　　　　　（作者系香港特别行政区第五任行政长官）

目 录

俊采星驰

开篇 | 什么是江西

江西，简称"赣"，因公元 733 年唐玄宗设江南西道而得省名，又因为江西最大河流为赣江而得简称。江西作为明确的行政区域建制，始于汉高帝初年，时设豫章郡。由于江西位于江南之右，自唐代开始，往往以"江右"指代江西。

江西区位优势良好，东邻浙江、福建，南接广东，西连湖南，北与湖北、安徽毗邻，是中国东南大三角的腹地，素有"吴头楚尾，粤户闽庭"之称。江西现有常住总人口数为 4500 余万，全国排名第 13 位；总面积 16.69 万平方千米，全国排名第 17 位。有 11 个设区市，100 个县（市、区）。

南昌明清时期即为江西省会。西汉为豫章郡治，隋为洪州治，五代南唐及明清为南昌府治。王勃在《滕王阁序》中开篇就称其为"豫章故郡，洪都新府"。

纵观中国历史，在每一个重要时间节点上，江西都有自己独特的品牌。这里的时间节点是指**"万千百十"**。

"万"

是指万年县的仙人洞和吊桶环遗址，这里发现了 1 万多年前的人工栽培稻植硅石，是现今所知世界上年代最早的栽培稻遗存之一。

"千"

是指 1000 多年前宋真宗用自己的年号赐名的"千年瓷都"景德镇，相传它是中国的英文名称"China"的来源。1000 年前，这里有堪称全世界最大的工厂。元明清三朝御窑，代表了世界制瓷业的最高水平。

"百"

是指井冈山的红色文化，近百年前，中国共产党人在这里点燃了中国革命的星星之火，找到了农村包围城市、武装夺取政权的中国革命胜利之路。

"十"

指 50 年前，邓小平在南昌市新建（原为县，2015 年改设区）拖拉机配件修造厂的一条长约 1500 米的小道上，通过反复观察、学习、思考，形成了对什么是社会主义、怎样建设社会主义的新认识。从"小平小道"延伸出去的是中国特色社会主义的康庄大道。

江西的"万千百十"，是改变中华民族的农、工、政、经的重大事件。

江西物华天宝，人杰地灵，有着独具优势的绿色生态、融入血脉的红色基因、博大厚重的古色底蕴，被称为绿色家园、红色摇篮、古色厚土。

○ 绿色江西　最大亮点

江西森林覆盖率达 63.35%，位居全国第 2 位。多年平均水资源总量和人均水资源量均居全国第 7 位。山水相济、水陆相连的自然地理格局孕育了丰富的地形地貌，为江西良好的生态环境奠定了基础，江西也因此成为众多动植物物种的理想家园。这里是候鸟的天堂，每年到鄱阳湖过冬的候鸟多达 60 万—70 万只。其中白鹤数量占世界总量的 98%，被定为江西的省鸟。

○ 红色江西　挺立潮头

安源工人运动、南昌起义、井冈山斗争、中华苏维埃共和国的诞生等重大历史事件均发生在江西。正是在这里，中国共产党人找到了中国革命的胜利之路。毛泽东、周恩来、刘少奇、朱德、邓小平、陈云等老一辈无产阶级革命家在江西留下了光辉足迹。江西有名有姓的烈士有 25 万余人，无名烈士更是不计其数。江西也是开国将军最多的省份，327 位将军有着同一个故乡。这里不仅有中国革命摇篮井冈山、人民军队摇篮南昌、共和国摇篮瑞金、中国工人运动摇篮安源，而且是改革开放的策源地。

○ 古色江西 久负盛名

江西素称"文章节义之邦"。以诗而言，陶渊明、黄庭坚、王安石、杨万里等大家云集；以词而言，《全宋词》收录江西词家174人，占全书作者的12%；以文而言，唐宋八大家，江西有三家；以节义论，"宋之苏武"洪皓、以身殉国的文天祥、毁家纾难的谢枋得等，"——垂丹青"。

"江西书院甲天下"，这也推动了科举的发展。自唐至清，江西进士共1.03万人，文科鼎甲107人，其中状元48人。江西籍历代宰辅有100余人。宋代江西曾"隔河两宰相，五里三状元，一门九进士"，明代更是"朝士半江西"。

江西是佛教禅宗的定型地、道教的发祥地、儒教的中兴之地。此外，古代江西不仅音乐、戏曲英才（如汤显祖、蒋士铨）辈出，书法如黄庭坚，绘画如董源、朱耷，建筑如"样式雷"家族，等等，同样群星璀璨。

这是江西人独有的荣耀与骄傲，

传播江西文化，义不容辞，任重道远。

文化长廊

文化江西的历史脉络

　　江西自古就是人文渊源之地，文章节义之邦，素有"物华天宝""人杰地灵""雄州雾列，俊采星驰"之美誉。从古至今，这片古老而富饶的土地，孕育着悠久的历史和璀璨的文化，涌现出一代又一代的杰出人物，留下了丰富而珍贵的人文资源，在中华民族文明史上，具有重要地位和深远影响。尤其在宋明时期，全盛的江西文化成为中华民族优秀文化的结晶。

　　文化是一条源远流长的文明之河，它从远古浩荡而来，向未来奔泻而去。历史越是古老悠久，文化便越是深邃悠长。只有对江西文化历史进行梳理，才能穿起江西文化这串晶莹的珍珠项链。大体而言，江西历史文化可以分为四个发展阶段。

一、万年到豫章：江西文化载体的形成

　　文化根基于地域，一方水土养育一方人，任何文化的发生与生存都必须依托一定的自然环境。王勃在其名篇《滕王阁序》中称赞江西"人杰地灵"，而"地灵"正是产生"人杰"的重要环境。

　　在江西这块美丽的土地上，早就有人类活动的足迹。考古资料显示，江西最早的原始文化是安义发现的距今约 50 万年前的旧石器时代早期遗址。从那时开始，江西有了人类活动，江西的历史也由此开端。而最能代表江西先民发展历程、反映江西先民生存文化的，当数万年县的吊桶环和仙人洞遗址。这一考古发现被评为全球 20 世纪百项重大考古发现之一，并被联合国列为全球重要农业文化遗产项目。在这里发现的世界最早种植的人工栽培稻，把世界稻作起源由距今 7000 年前推移至距今 1.2 万—1.4 万年前。而在这里发现的陶片，经过测定，

距今已有2万多年。万年县的吊桶环和仙人洞遗址的地层堆积就像一本史书，记录了江西的先民在农业文明和手工业文明中的两个"世界第一"。

相对于黄河流域而言，江西的土著居民长时间处在原始氏族社会阶段，进入文明时代的步伐相对迟缓。直到商周时期，中原文化才与江西本土文化深度融合，而其中的代表，就是樟树吴城遗址、新干大洋洲商墓遗址、瑞昌铜岭遗址等。

位于樟树市吴城乡的吴城文化遗址，距今3500多年，面积约61万平方米，城内有居住区、祭祀区、制陶区、铸铜区，城外有墓葬区，出土了石器、陶器、原始瓷、玉器、牙雕等5000多件文物，是目前南方地区发现的规模最大、出土文物最丰富的商周文化遗址之一。

1989年发现的新干县大洋洲商代大墓出土的珍贵文物约1500件，其中国宝级文物5件。文物中以青铜器最为引人注目，其数量之多、造型之奇、纹饰之美、铸工之精，为全国所罕见，这里也因此被专家称为"江南青铜王国"。大洋洲商代大墓的发掘，一举改写了一直以来商周时期的江南被认为是"荒蛮之地"的历史，充分证明3000多年前赣江—鄱阳湖流域就有了高度发达的青铜文明。

位于瑞昌市夏畈乡铜岭的矿冶遗址，规模庞大，采用了当时最为

樟树市吴城遗址

商活环屈蹲羽人玉佩饰

商伏鸟双尾青铜虎

先进的开采技术、选矿技术和冶炼技术，是目前中国发现的时代最早的矿冶遗址，开采的年代从商代中期一直延续到战国时期。遗址保存之完整，内涵之丰富，极为罕见。瑞昌矿冶遗址的发现，不仅将中国采铜历史向前推了300多年，还揭示了中国青铜文化的独立起源，为中国青铜文化圈的概念形成和商周时期铜料的来源提供了新的佐证。

说到江西的地理位置，自然少不了"吴头楚尾"之称。南宋祝穆《方舆胜览》中曾注引北宋洪刍的《豫章职方乘》中的说法："豫章之地为楚尾吴头。"从这一称呼可知，江西处在东吴越和西荆楚两大文化的过渡地带，无论是"东边日出"还是"西边雨"，都会受到影响，更何况同源共本。本是同根生，晴也好，雨也罢，兼收并蓄，你中有我、我中有你，其兼收并蓄的包容性、惊人的同一性和独具智慧的开创性，使得那时候的江西文化更显地域特色。

而江西地域文化形成的标志性事件，就是豫章郡的设置。西汉初年，朝廷设立豫章郡，下辖南昌、庐陵、彭泽等18县，其所管辖的范围，大抵就是现在的江西省。此后虽有小的调整，但大的格局一直未变。由于豫章郡的设置，江西被正式纳入中央政权的统一控制之下。一方面接受中央文化的熏陶，使这一区域依附而非背离中央，保证了区域文化的完整性；另一方面又依托独特的地理环境形成具有地域特色的文化习俗，并产生巨大的向心力将周围尚未纳入的地区吸附过来，从而慢慢形成今天江西的政区格局和文化习俗。

二、从边缘到中心：江西文化的高峰

客观地说，在宋代以前，江西所出人才并不突出，除陶渊明这座文化孤峰之外几乎举不出其他有相似分量的文化名人。但到了北宋中后期，江西文化迅速崛起，并取代了中原文化，占据了文化中心的位置。从宋至明，江西文化如日中天，进入光辉灿烂的鼎盛时期，600余年内，处于全国领先地位，英才荟萃，名家辈出，如群星璀璨，光耀中华。其壮观景象，至今仍令人们惊叹不已。

宜春市百丈寺

江西在宋明时期对中国文化发展的贡献是巨大的，江西文化名流巨擘的优秀成果不仅是中国古代文化的重要组成部分，而且是江西现代文化的丰富源泉。繁荣发达的江西古代文化，至少可以归纳为几个方面：一是文章节义之乡；二是理学的心脏地带；三是诗人与词客的沃土；四是禅宗的腹地；五是道教的重镇；六是经济与治术之地。

江西文化之所以在宋明时期能够独领风骚，主要得益于经济中心的南移和政治中心的东移。自魏晋南北朝开始，江南地区有了较快的发展。隋唐以后，包括江西在内的整个南方地区经济更是有了长足的发展，全国经济中心逐渐南移。加之中原地区长时间战乱，北方居民的大规模举族南迁，给江西带来了众多的劳动力和先进的中原文化。到两宋时期，中国的首都先后迁到河南开封和浙江杭州等地；而明初定都在南京，明成祖后依然实行两都制。江西则成为全国经济、文化发展的领先地区，其人口之众、物产之丰，均在全国范围内名列前茅。

江西文化的繁荣也与交通的发展息息相关。当时由南海入中原的通道，即由大余梅岭直下赣江水道的所谓使节之路，这一交通大动脉贯通后，江西得以用更快速度在更大的范围内与全国交流，这对促进江西文化发展和江西文人成长起到了十分积极的作用。

三、从全盛到低谷：江西文化的衰退

进入清代以后，江西文化在全国的地位急速下降。整个清代，江西只有3位状元，在数量上大大低于江苏和浙江，甚至落后于地处边远的广西。衰退的趋势一直持续到20世纪80年代。那时，江西是全国少有的"三无省"：无学部委员，无重点大学，无博士学位授予点。

是什么原因促使江西文化从巅峰坠落到低谷呢？究其根源，主要是人口迁移、经济衰退、交通转移、战争破坏等。这几个因素又是相互关联、互为因果的。

兴也经济，衰也经济。江西经济在全国地位的低落，是文化衰退的根本原因。经济衰退又与交通要道转移有关。从中唐到清前期，运

河—长江—赣江—珠江一直是国内主要的南北通道，对于促进江西经济的发展起了重要作用。但从清后期开始，海运兴起，加上京汉、粤汉铁路修通后，南北运道改走河北、河南和两湖，江西便利的交通运输条件不复存在。由于交通格局变化，不仅物资运输更加困难，从外部渗入的新思潮、新风尚也绕过江西，致使江西在观念的更新上不仅落后于沿海，也落后于中原和处在南北交通线上的湖南、湖北等地。

江西文化的衰退，直接的原因还是战争的破坏。非常不幸，在中国近代工业兴起前夕，江西成为太平天国军队与湘军反复交战的主要战场之一。历时 10 余年的战争刚过，当近代工业在中国兴起之时，形同废

井冈山　徐夫耕　绘

墟的江西城乡，别说喜迎工商新时代的来临，就是恢复传统时代的农耕基础也需时日。江西商人赖以生存的主要商品（如茶叶、纸张、木材等）的生产则因战火而受到严重破坏，景德镇的瓷业也一度停产。

当然，江西文化的衰退，也与自身的弱点有关。江西文化长期处在传统文化的中心区域，"文章节义"为江西人的传统美德，但这种美德主要是正统儒家思想熏陶的产物，它有利于农业社会的巩固，却不利于商品经济社会的形成。这一文化特性使得江西文化在一定程度上排斥近代文化，这成为江西社会近代化发展的限制因素。

四、从蛰伏到潮头：江西红色文化的兴起

进入 20 世纪，在以毛泽东、周恩来、刘少奇、朱德、邓小平、陈云为代表的中国共产党人的领导下，江西再一次挺立潮头，开创了中国红色文化的新纪元。

红色文化是马克思主义与中国国情相结合的产物。波澜壮阔的历史赋予了安源、南昌、井冈山、瑞金等地一个个红色经典称号，它们不仅成为中国革命史恢宏"交响乐"中的动人"音符"，也造就了独具魅力的红色文化品牌。红色文化是江西近现代以来最具特色、最有代表性的文化之一。

20 世纪以来，江西领红色文化之先，红色基因浸透在了江西人的血液和江西的山水之中。全省从南至北，从东到西，一个个人名、一串串足迹，记录了中国革命和建设多个"第一"或者"之最"，见证着中国共产党成长的光辉历程。江西涌现了方志敏等一批杰出的革命家，江西儿女为中国革命的胜利作出了巨大牺牲和重大贡献。

红色文化作为植根于中华民族沃土的先进文化，是中国共产党人政治理想、爱国情怀、价值观念和道德诉求的集中体现，不仅体现在当时当地，更重要的是可以影响到遥远的未来。江西红色文化品牌的兴起，不仅可以传播历史正能量，而且可以增强江西人民的自豪感，还能让外界更好地了解江西，从而有力地提升江西文化的知名度和美誉度，增强江西的文化软实力。江西红色文化以其资源的丰富性、内容的原创性、分布的广泛性和历史见证价值，正成为江西重要的文化品牌。

南昌起义　黎冰鸿　绘

江西十大文化符号

　　文化符号，是指具有某种特殊内涵或者特殊意义的标识，是一个地域、一个民族或一个国家独特文化的具体体现，是地域文化的重要载体和形式。比如，人们一看到天安门，就想到北京；一看到大本钟，就想到英国伦敦；一看到埃菲尔铁塔，就想到法国巴黎；一看到自由女神像，就想到美国纽约；一看到红场，就想到俄罗斯莫斯科。那么，作为文化旅游大省的江西，有没有一些文化符号代表了江西形象，享誉全国乃至闻名世界？

　　本文以"独特的形象、深厚的底蕴、优美的画面、较高的知名度和美誉度"为基本原则，兼顾红色、绿色、古色等多种文化类型，选出了能代表江西形象、体现江西特色，哪怕不作任何文字说明，也能让人一望即知属于江西的十大文化符号，抛砖引玉，供读者研讨，以使之日臻完善。

一、南昌滕王阁

　　滕王阁是江南三大名楼之首。唐高祖李渊第二十二子、唐太宗李世民之弟李元婴被封于山东滕州，为滕王。唐永徽四年（653），滕王

李元婴调任江南洪州（今江西省南昌市）都督，因思念故地滕州，修筑了著名的"滕王阁"。无数文人墨客在滕王阁留下不朽文章，唐初王勃一篇《滕王阁序》赞颂江西"物华天宝""人杰地灵"，磅礴宇内，被称为千古绝唱。现在的滕王阁已经是第29次重建的结果，其主阁端庄大方，气势雄伟，两侧建有"压江"和"挹翠"两亭。从正面看，南北的两亭与主阁组成一个"山"字；从空中俯瞰，滕王阁则有如一只平展两翅、意欲迎波西飞的巨大鲲鹏。站在滕王阁上向西望去，滚滚赣江水向北奔腾，红谷滩新区的高楼大厦拔地而起，南昌城昔日荣耀与今日繁华隔江相望，预示江西将实现绿色崛起，再创辉煌。

二、庐山含鄱口

庐山三面环水，北依万里长江，东靠浩渺鄱阳湖，西有庐山西海，以雄、奇、险、秀闻名于世。山峦巍峨峻峭，瀑布飞流直下，云海变幻莫测。它是人文圣山，李白、白居易、苏轼等文人墨客留下千古名篇，

秋水长天滕王阁 王岩 摄

庐山含鄱口 李敏 摄

儒、释、道三教和伊斯兰教、基督教等在此融合汇聚。五老峰、锦绣谷、望江亭、花径、仙人洞、三叠泉、牯岭镇是庐山的重要观景地，其标志性景点为含鄱口。登临含鄱口，北可望五老峰，东可瞰鄱阳湖，南可眺大汉阳峰，西可观庐山植物园，湖光山色，尽收眼底。

三、井冈山黄洋界

井冈山是中国革命的摇篮，毛泽东在这里领导创建了第一个农村革命根据地，中国革命由此找到了农村包围城市、武装夺取政权的正确道路。这里有八角楼的灯光、朱毛会师地、红军挑粮小道、黄洋界、五指峰、杜鹃山、井冈山革命博物馆等红色景点，其中黄洋界是标志性的红色景点之一，也是井冈山五大哨口之一，有"一夫当关，万夫莫开"之险。1928 年，这里发生了著名的黄洋界保卫战，以红军的胜利而闻名海内外，毛泽东为此留下了"黄洋界上炮声隆，报道敌军宵遁"的名句。这里还可以看到日出、峰峦、云海、杜鹃等自然景观。

四、景德镇御窑

景德镇是闻名世界的千年瓷都。北宋时，宋真宗以年号"景德"赐名，此后景德镇瓷器之名益著，千年窑火盛烧不衰，涌现了大量代表中国最高水平的陶瓷艺术经典作品，其代表作"元青花鬼谷子下山图罐""明成化斗彩鸡缸杯"先后创造了当时陶瓷拍卖史上的纪录。特别是为元、明、清三代专门烧制宫廷用瓷的御窑，与长城、故宫一样，地位特殊，价值非凡。它不仅是江西的文化符号，更是中华民族的文化符号。

五、白鹿洞书院

江西是儒学的中兴之地。婺源人朱熹、金溪人陆九渊为理学双峰；王阳明长期在江西为官，"阳明一生精神，俱在江右"。"江右书院甲天下"，在1000多年的古代书院历史中，江西一直是全国书院发展的中心地区，并且数度独领风骚，成为中国的文化重地，拥有独特的历史地位。白鹿洞书院是江西书院文化的代表，享有"海内第一书院"之誉，被评为"中国四大书院之首"。理学大师朱熹制订的《白鹿洞书院揭示》是中国古代"大学"最早的章程，成为后世书院遵行的准绳。

御窑厂 万建明 摄

六、禅宗圣地百丈寺

早在魏晋时期，江西就成为南方佛学研究和活动的中心，东晋高僧慧远在东林寺结白莲社，首创净土宗，佛教中国化进程在江西逐渐完成。唐代高僧马祖道一在江西创立"丛林"，解决了佛教发展史上的"硬件"问题，使僧人住有所居；其弟子怀海在奉新百丈山制订清规戒律，解决了佛教发展中的"软件"问题，确保了佛教的神秘性、庄严性与崇高性，使其能持续、稳定地发展。江西是禅宗定型之地，"一花开五叶，结果自然成"。佛教禅宗"五家七宗"，其中三家五宗源于江西，并远播海外。百丈寺是江西佛教文化的代表，是中国佛教禅宗具有代表性的古寺庙、"天下清规"的发祥地，在中外佛教界享有盛名。

七、龙虎山天师府

龙虎山虎踞龙盘，丹山碧水。东汉中叶，正一道创始人张道陵曾在此炼丹，传说"丹成而龙虎现"，山因此而得名。龙虎山是道教四大名山之一、道教正一派发祥地。张道陵四代孙张盛，将传教的地区迁至龙虎山，此后张天师后裔世居龙虎山，直至今日。天师府位于鹰潭市上清古镇，为历代张天师讲道、居住的府邸，选址极其郑重。其门临泸溪河，背依西华山，左右青山怀抱，府内香樟成林，古木参天，仙乐缥缈，绿树红墙交相辉映，是道教祖庭，与山东孔府并称为"中国两大府第"，有"北孔南张"之说。

八、候鸟天堂鄱阳湖

　　鄱阳湖是中国最大的淡水湖，也是国际重要的候鸟越冬地。鄱阳湖上承赣、抚、信、饶、修五河之水，下接长江。丰水季节浪涌波腾，浩瀚万顷，水天相连；枯水季节水落滩出，野草丰茂，芦苇丛丛。湖畔峰岭绵延，沙山起伏，沃野千里，候鸟翩飞，牛羊徜徉。"鄱湖鸟，知多少？飞时遮尽云和月，落时不见湖边草。"数据显示，鄱阳湖有鸟类 300 余种，其中国家一级保护鸟类 10 余种、国家二级保护鸟类 40 多种，全球 98% 以上的白鹤、95% 以上的东方白鹳、70% 以上的白枕鹤在此越冬栖息。每年 9 月至翌年 3 月，超过 60 万只来自全球各地的珍稀候鸟飞临江西鄱阳湖，在草洲、滩涂落户安家、繁育后代，形成令人叹为观止的"天鹅湖"和"白鹤长城"。

鄱湖候鸟

篁岭　付志勇　摄

九、婺源篁岭晒秋

　　婺源被誉为"中国最美乡村"。春来变暖，油菜花开，小桥流水，山花烂漫，间以粉墙黛瓦、翘角飞檐的古建筑群和浓郁的乡风民情，是众多中华儿女的梦里老家。秋季到来，婺源篁岭的农民以大地为画板，拿支架做画笔，让南瓜、豆角、辣椒、玉米成为作画的素材，使整个山间村落饱经沧桑的徽式民居土砖外墙，与晒架上、圆圆晒匾里五彩缤纷的丰收果实相组合，绘就世界上独一无二的"晒秋"农俗景观、最美的乡村符号。

十、赣南围屋

客家围屋是中国富有特色的传统建筑形式之一，是客家文化的重要载体和象征。方围是赣南围屋区别于其他围屋的一个主要特色，从平面上可分为"口"字形和"国"字形，是古代集祠、家、堡于一体，具有鲜明的防卫功能的坚固民居。2012年，赣南围屋被国家文物局列入《中国世界文化遗产预备名单》。它们点缀于青山绿水间，散落于古老的赣南村落中。燕翼围、关西新围、东生围等500多座围屋见证了北方汉人客居他乡的艰辛和不易，是客家人心中的精神家园。

千年瓷都景德镇

陶瓷是中国人的重大发明，是中华文化的重要载体，是中华文明对世界的巨大贡献。早在欧洲人掌握瓷器制造技术1000多年前，中国人就已经制造出了精美的陶瓷。中国和瓷器的英文译名都是"china"，相传就是因当年陶瓷销往海外，成为中国的象征，很多外国人不知道这种东西叫什么，只知道来自昌南（景德镇旧名昌南镇），于是将这种器物叫作"china"，单词的第一个字母大写后的"China"就成了中国的英文名称。

景德镇是闻名世界的千年瓷都，素以"汇天下良工之精华，集天下名窑之大成""工匠来八方，器成天下走"而著称。郭沫若诗曰："中华向号瓷之国，瓷业高峰是此都。"景德镇以瓷业主撑一城，历千年而不衰，引举世之瞩目，迄今仍是全球最具影响力的陶瓷历史文化名城，拥有无与伦比的文化象征性与影响力。

一、景德镇陶瓷的发展历史

景德镇生产陶瓷历史悠久：肇始于汉唐，崛起于宋元，鼎盛于明清，绵延至当代。

1. 初露锋芒——汉至五代

景德镇地区的陶瓷业距今已有1700多年历史。史料记载，"新平冶陶，始于汉世"。此时的陶瓷"质甚粗，体甚厚，釉色淡黄而糙"，"只供同俗粗用"，不远销。

唐代时，景德镇的瓷器已在国内有较大的影响。《景德镇陶录》记载："唐武德中，镇民陶玉者载瓷入关中，称为假玉器，且贡于朝，于是昌南镇瓷名天下。"

五代时的景德镇瓷器生产已具有相当的规模。主要产品有青瓷和白瓷，它们是目前所能见到的早期较为成熟的瓷器。

元青花缠枝牡丹纹梅瓶

2. 强势崛起——宋元时期

北宋时期，真宗赵恒命昌南镇烧造御器，器底书"景德年制"款，因瓷器质地优良，皇帝赐名昌南镇为景德镇，沿用至今。宋室南迁是一个影响深远的历史转折点，大量文人雅士、能工巧匠随之移居江南，景德镇由此吸纳融汇天下名窑之良工绝技，博采异地乃至异国文化之精华，兼收并蓄，锐意创新，与时俱进，强势崛起，超越了"汝、官、哥、定、钧"五大名窑，逐步获得在全国制瓷业的优势地位。

宋代以前景德镇以生产白瓷为主，瓷器上没有什么装饰图案和绘画。在宋代，景德镇瓷器以轻巧、典雅、秀丽的影青瓷而著称于世。这种瓷器，胎质细腻、致密、洁白，釉层较厚，釉色莹润青翠，青中闪白，白中透青，近似玻璃透明状，为元、明、清景德镇瓷业的发展奠定了坚实基础。

元代是景德镇陶瓷的创新时期。在元代，景德镇成功烧造了青花瓷，开辟了由素瓷转向彩瓷的新时代。景德镇的制瓷工艺取得了划时代的进步。由单一的瓷石到瓷石加高岭土的"二元配方"，增加了瓷器的烧成温度，减少了瓷器的变形率，增强了瓷器的硬度，增加了瓷器的白度和透明度。朝廷在景德镇设立的专门烧造官府用瓷的全国唯一的瓷业行政管理机构——浮梁瓷局，专门对景德镇制瓷业实行管理，成为延续了630余年的中国皇家瓷厂的开端，为景德镇成为全国瓷业中心发挥了重要作用。

3. 达到巅峰——明清时期

明清两朝，景德镇依然是皇家瓷厂所在地。明洪武二年（1369），朝廷在景德镇设御器厂，专门烧造宫廷、皇家用瓷，清顺治十一年（1654）改称御窑厂。御窑厂一枝独秀，成为烧造时间最长、规模最大、工艺最精湛的官办瓷厂。

明代，景德镇真正成为"天下窑器之所聚"之地。除了继

揀選青料

青料煉出後尤須揀選有料戶一行專
司其事料之黑綠潤澤光色俱全者為
上選於仿古霽青青花細瓷用之色雖
黑綠而鮮潤澤者為市賣粗瓷之用若
光色全無者性薄煉枯悉應選棄至用
料之法全在於生坯旱以釉水過窯燒出
俱成青翠若不罩釉仍是黑色加窯火
稍過則一種獨為清楚入窯惟青料
有韭菜邊一種獨為清楚入窯惟青料
細描必用之圖內筐盛匣缽乃屬點綴
非選料正意

寸竹筒截長七寸頭蒙細紗蘸釉以吹
俱視坯之大小與釉之等類別其吹
工至坯足一行因拉坯之時下足留一
泥范長二三寸便於把握以畫坯吹釉
過數有自三四過至十七八過者此吹
蘸兩由今也

印坯乳料

大圓器拉成水坯俟其潮乾用俻就
模子套坯其上以手拍按務使泥坯周
正勻結始褪下陰乾以俻鏇削其濕坯
不宜早晒則即坼裂至畫瓷所需之料
不宜自勻結則起剌不鮮每料十兩為
所乳以一坯專工乳研經月之後始堪
應用一坯專工乳研經月之後始堪
一板鏇孔以裝乳鉢鉢之柄有直木上橫
用研蚌貯於鉢內乳鉢之柄有直木上橫
一板鏇孔以裝乳鉢鉢人里於乳鉢兩
旁乳之工價每月三錢亦有雙手乳兩
鉢者工值倍之老弱殘疾多
藉此資生焉

紅爐一行
泥范長二三寸便於把握以畫坯吹釉
以配合窯位俟坯器滿足始為紫火隨
潮濕就勢窯烘焙可免火後坼裂穿
漏之病圓而按砌中留一方孔將窯門磚砌
片刻不停俟窯內匣缽作銀紅色時止
火窯一晝夜始開

圓器青花

青花繪於圓器一器動累百千若非畫
款相同必致參差互異故畫者止學畫
而不學染染者止學染不學畫所以一其
手而不分其心畫者各分類聚慶
不分其心畫者各分類聚慶
一室以成畫一器之功其釉紅寶燒技實異
似同而各習一家釉紅寶燒技實異
青花之識銘書記獨歸
蕩款之工底心之識銘書記獨歸
蕩款之工花鳥禽魚寫生以肖物為上
宣成嘉萬仿古以多見方精此青花之
興於五采也

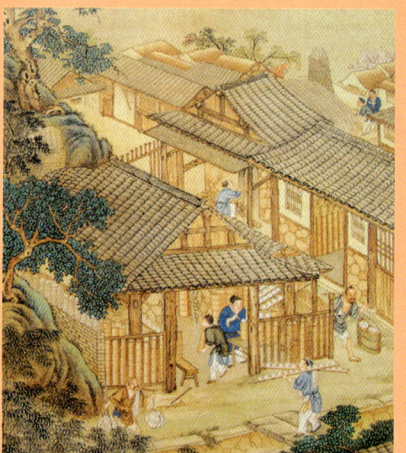

製畫琢器

琢器之式有方圓稜角之殊製畫之方
別采繪鏤雕之異仿舊須宗其典雅
肇新務審其淵源器自陶成規矩悉
道古制花同錦簇采色勝上春臺金
哥汝定均之調劑抃汗非遠水火木金
土洪釣之調劑夫轉器重均藝畫爐煙煥
泉制而施采功必藉夫延埴出自林
色雖兀壼六朵素檜之權彩筆生花
即窯瓷可驗文明之象

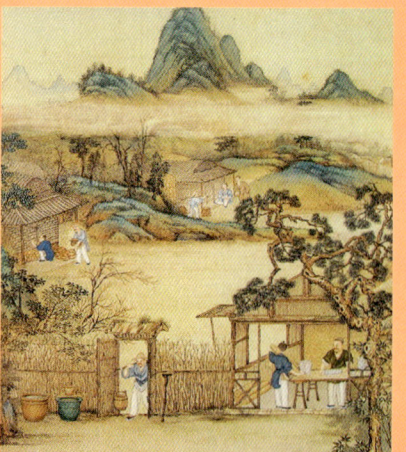

圆琢洋采

圆琢白器五采画墓仿西洋故曰洋采须选素习绘事高手将各种颜料研细调合以白瓷片画染烧试必熟谙颜料火候之性始可由粗及细熟中生巧总以眼明心细手准为住两用颜料与油一用胶水两调便拓堆填有就案有手持者亦有眠侧于低处者各因器之大小以就运笔之便

蘸釉吹釉

圆琢各器凡青花与官哥汝等均须上釉入富上釉之法古制将琢器之方长棱角者用毛笔拓釉学每失枝不匀之患大小圆器及浑圆之琢器俱在缸内蘸

明炉暗炉

白胎瓷器拓窑内烧成始施采画采画瓷器出窑每分类拣选以别上色二色又将瓷器送入炉中傍以铁钩拨轮令其转旋以匀火色画料光亮为度周围则用暗炉炉高三尺许往二尺六七寸贮炭火于下留风眼以出火气炉顶盖以黄泥封固烧一昼夜为度凡烧嘉黄绿紫等器法亦相同

鏇坯挖足

圆器尺寸既定于模而光平必需于鏇故复有鏇坯之作内设有鏇坯之车其形与拉坯车相等惟中心立一木椿恐损

束草装桶

瓷器出窑每分类拣选以别上色二色圆器有三色脚货即在本地货卖其上色之圆器与上色二色之琢器俱用纸包装桶每十瓷为一筒用纸包装以便远载其各省行用之粗瓷则不用纸色装桶用茭草直缚于内竹篾横缠松外水陆搬移便易结实其匠役多以茭草为名目

成坯入窑

窑制长圆形如覆瓮高宽皆丈许深长其烟突圆高二丈余在后窑名为窑栅其上草大瓦屋名为窑栅瓷坯既成装以匣钵至窑户家入窑时以匣钵

祀神酬愿

景德一镇群居浮梁邑境周袤十余里山环水绕中央一洲缘瓷产其地商贩毕集民窑二三百区终岁烟火相望工匠人夫不下数十余万靡不借瓷资生故里谚云九域瓷商上镇马神崇奉靡遑暇日甚至俳优秦技数部篾於一场

烧坯开窑

瓷器之成窑火是赖计入窑至出窑类以三日为率至第四日清晨开窑其窑中套装瓷器之匣钵尚带紫红色人不能近惟开窑之匣钵以布十数层制

陶冶图说　唐英　著

承前代技术并加以发扬光大的重要烧造技术，景德镇在明代还消化和吸收了各大日益没落的著名窑场的优秀技艺并广采博收外来文化的精华，不拘一格，烧造出许多新的品种、新的装饰，造就了明代景德镇在全国制瓷业的中心地位。

清代前期的景德镇陶瓷，无论是官窑还是民窑，无论是产品造型、装饰技法还是装饰题材、装饰风格，都达到了"参古之式，运以新意，备诸巧妙，于彩绘人物、山水、花鸟尤各极其胜"的极度繁荣境界，制瓷技术几乎达到了炉火纯青、出神入化的地步，景德镇瓷业在康雍乾时期达到巅峰。这不仅是因为当时社会稳定、经济复苏、皇帝重视，还因为有一位著名的督陶官——唐英。从乾隆中期开始，景德镇瓷业开始走下坡路，到晚清日趋衰落，道光以后至中华人民共和国成立前，景德镇瓷业一直处于萧条状态。

4. 瓷脉相传——现当代时期

民国时期"珠山八友"主要代表人物为王大凡、王琦、汪野亭、邓碧珊、刘雨岑、程意亭等，他们以传统书画用笔技法，将诗、书、画、印融入陶瓷粉彩瓷画中，并改革粉彩工艺，产生了巨大的影响。中华人民共和国成立后，景德镇在原有的小作坊基础上重新组建成立了建国、人民、新华、宇宙、东风、艺术、光明、红星、红旗、为民等大型瓷厂，人们习惯性地称它们为"十大瓷厂"。景德镇陶瓷产业结构发生了历史性的变革，从过去的皇家用瓷和工艺瓷生产，发展成为日用瓷、工艺美术瓷、建筑瓷、卫生瓷、工业用瓷、电子陶瓷、特种陶瓷和高技术陶瓷等多门类的瓷业生产。改革开放以后，景德镇陶瓷生产步入一个崭新的时代，焕发出新的活力。人们发明和创造了色釉彩、综合彩、现代陶艺、现代青花、釉中彩等诸多新彩类、新形式、新技法以及新工艺、新材料，传统陶瓷艺术重新焕发了青春。当代中国优秀的陶瓷艺术家大多都来到景德镇，他们为陶瓷艺术和陶瓷工艺贡献了大量精力，创作了大量精美的陶瓷艺术品。

二、景德镇及其陶瓷在世界陶瓷史上的地位

1. 景德镇是世界瓷都

从世界范围看，景德镇千年的制瓷历史、最高的制瓷水平、陶瓷产业的兴旺和陶瓷人才的汇聚，让她成为一座当之无愧的"世界瓷都"。

（1）制瓷历史悠久。"景德镇千年窑火旺"，铸就了她深厚的文化底蕴，铸就了千年瓷都的历史地位。景德镇有冶陶史2000多年、官窑史1000多年、御窑史600多年。景德镇是世界"高岭石""高岭土"的发现地和命名地，从此两个地质术语名扬天下。

（2）世界瓷艺高峰。景德镇长期代表了所处时代制瓷技术与工艺的最高水平，成就了世界陶瓷技艺的高峰。历史上的主要陶瓷生产国和当代陶瓷大国都曾经借鉴和学习过她的制瓷工艺。自唐五代景德镇青瓷、白瓷达到相当水准后，一些伊斯兰国家首先开始模仿景德镇瓷器；其后东亚的朝鲜和日本，西亚、欧洲均走上学习景德镇制瓷技艺的漫漫长路。她生产的瓷器成为世人追捧的器物，历史上远销世界120多个国家和地区，几乎传遍了世界每一个角落。据不完全统计，景德镇行销外洋的瓷器总数当在3亿件以上。如今，御窑厂不同时期生产的精美瓷器，被珍藏在世界各大博物馆，成为无价之宝。

（3）陶瓷产业立市。景德镇以陶瓷立市、以陶瓷兴市、以陶瓷荣市，是唯一一个因陶瓷而繁荣千年的城市。据史载，宋代以来，景德镇即"村村窑火，户户陶埏"，昌江两岸都是陶窑作坊，整条昌江里都是运送瓷器或制瓷原料的舟船。她是一座在全城生产瓷器的城市，是中国乃至世界较早实现工业化的城市之一。

（4）瓷业人才之都。古今中外，无数的制瓷人到景德镇来学习制瓷技艺，寻找自己的梦想，陶瓷文化弥漫在这座老城的每个角落，构成了瓷都独特、珍贵而完整的文化遗产体系。世界主要产瓷国的人们，都有到景德镇来学习制瓷技艺的经历。至今还有"景漂"的现象，数以万计的国内外陶瓷从业者在景德镇寻找着自己的梦想，努力实现自己的人生价值。

2. 景德镇陶瓷是中国符号

景德镇陶瓷已经成为世界认识中国文化的一个代表，是中国走向世界和世界认识中国的文化符号。

（1）中国实力的象征。16世纪以前以中国为主导的海上陶瓷之路，打通了太平洋—印度洋航线，建立了以中国为中心的东南亚和东北亚贸易区。16世纪以后以欧洲列强为主导的海上陶瓷之路，打通了太平洋—印度洋—大西洋的全球航线，建立了完整的世界贸易圈。海上陶瓷之路使中国走上了世界经济强国之路，景德镇瓷器则充当了人类贸易史上第一件全球化商品的角色。亨利·基辛格在《论中国》中说："直至1820年，中国在世界国内生产总值的比例仍大于30%，超过了西欧、东欧和美国国内生产总值的总和。"

（2）丝绸之路最主要的见证。丝绸、茶叶、瓷器，是中国通过丝绸之路向域外输出的三大主要商品。但是丝绸和茶叶都被消耗掉了，只有瓷器因为其材质的坚硬而大量保存下来，成为丝绸之路最主要的物证，是丝绸之路上的活化石。

（3）中华文化传播的载体。通过"海上陶瓷之路"，中国瓷器连带着附于其上的文化，被"搬运"到世界各地。中国瓷器所到之地，就是中国文化影响所到之地。这些中国外销瓷，清晰地勾画出了中国文化影响力的世界版图，哪里出现了中国瓷器，中国文化就已然抵达哪里。瓷器不仅以其物理属性的坚硬而获得了时间上的长久存在，更重要的是"中国瓷对世界史研究的最大价值，在于它反映了一项规模最为庞大的文化转型活动"。中国瓷器，其在"文化转型活动"中所发挥的作用，超越了丝棉纺织品、茶叶、香料，而成了核心角色。中国瓷器的输入改变了世界许多地方的生活方式、卫生习惯和文化礼仪。中国瓷器结束了东南亚、西亚国家用植物叶子做饮食用具的时代，使这些国家的饮食文化得到丰富和提升，进而文明化。中国瓷器进入欧洲之前，欧洲人的饮食文化和餐桌礼仪还是相对"简陋"的。当地普通人用粗陶或木制器皿做食器，上流社会则往往采用金属器皿。当中国瓷器传入欧洲之后，欧洲各国纷纷改用中国瓷器，形成了全新的饮食文化，引发了"饮食革命"。

3. 景德镇陶瓷是艺术瑰宝

千余年来，景德镇制瓷业集历代名窑之大成，汇各地技艺之精华，形成了独树一帜的手工制瓷工艺生产体系。在岁月的演进中，景德镇瓷器历久弥新，闪烁出诱人的光芒。

（1）"白色的金子"。中国瓷器在唐代就外销到了埃及等红海沿岸国家和地区，对当地的釉陶产生了影响。多数欧洲人则到 16 世纪末才知道中国瓷器。他们非常惊讶于瓷器竟会比水晶还要美丽。中国瓷器那种无渗透性、洁白光滑、非常实用的特点，以及相对于水晶器和银器的低廉价格，使它一现身欧洲，就赢得当地人民深深的喜爱。

（2）尊贵的象征。在欧洲，景德镇瓷器成为皇宫的珍品，成为上流社会珍爱的奇物，成为人们身份尊贵的象征。尤其在英国玛丽二世女王的影响下，17—18 世纪的英国社会，从上到下都兴起中国瓷器

静物 莫奈（法国） 绘

031

热：贵族在家里建造瓷屋，皇室在宫廷建造瓷宫。此风席卷整个欧罗巴，在一些欧洲宫廷里面，纷纷造出所谓的"瓷屋"，摆设很多精美的中国瓷器（尤其是景德镇瓷器）。1670年，法国国王路易十四在凡尔赛宫修建了一座瓷宫，重金收购景德镇生产的青花和五彩瓷；1717年，德国萨克森公国国王奥古斯都二世与普鲁士国王威廉一世达成以600名精锐骑兵与对方交换127件中国瓷器的交易；1740—1786年在位的德国普鲁士王国腓特烈二世，在其无忧宫内陈列着以景德镇青花瓷为代表的各种中国瓷器。

三、景德镇陶瓷的特点与种类

1. 四大特点

"白如玉、明如镜、薄如纸、声如磬"是景德镇陶瓷的四大特点。

白如玉：景德镇白瓷呈乳白色，色泽柔和，温润如玉，在唐代就有"假玉器"之称。

明如镜：景德镇瓷器釉面光滑，晶莹剔透，宛若明镜，光彩照人。

薄如纸：景德镇瓷器胎质轻薄，滋润透影，宛若蛋壳，薄如蝉翼，轻若绸纱，正所谓"只恐风吹去，还愁日炙销"。明代吴十九创烧"流霞盏""卵幕杯"。流霞盏明如朱砂，犹如晚霞飞渡，光彩照人；卵幕杯薄如蝉翼，莹白可爱，一枚才重半铢（约合1.1克），四方不惜重价求之。

声如磬：景德镇瓷器胎质清脆，用指轻叩，能听到"咚"的脆响，宛若乐器奏出的优美磬声，扣人心弦。

2. 四大名瓷

景德镇瓷器种类繁多，但以青花、粉彩、颜色釉与玲珑最负盛名，被誉为"景德镇四大名瓷"。四大名瓷各擅胜场：青花古朴淡雅、意境悠远，粉彩五颜六色、明丽柔美，颜色釉巧夺天工、异彩纷呈，玲珑灵巧明澈、剔透动人。

（1）青花瓷。又称白地青花瓷，常简称青花，是中国瓷器的主

清代绿地粉彩八宝纹贲巴瓶

流品种之一，属釉下彩瓷。青花瓷是用含氧化钴的钴矿，在陶瓷坯体上描绘纹饰，再上一层透明釉，经高温还原焰一次烧成。钴料烧成后呈蓝色，具有着色力强、发色鲜艳、烧成率高、呈色稳定、不易磨损等特点，而且没有铅溶出等弊病。原始青花瓷于唐宋已见端倪，成熟的青花瓷则出现在元代景德镇的湖田窑。青花于明代成为瓷器的主流，于清康熙时发展到顶峰。明清时期，还创烧了青花五彩、孔雀绿釉青花、豆青釉青花、青花红彩、黄地青花、哥釉青花等衍生品种。代表作：元青花萧何月下追韩信图梅瓶。

（2）粉彩瓷。又叫软彩瓷，是以粉彩为主要装饰手法的瓷器品种。粉彩瓷器是清康熙晚期，受珐琅彩瓷制作工艺的影响，在五彩瓷基础上创造的一种新品种，从康熙晚期创烧，到雍正、乾隆年代，日臻完善，后历朝流行不衰。雍正皇帝对粉彩情有独钟，因此当时的工匠对粉彩瓷的造型、色彩、线条的制作都非常讲究，从而成就了"雍正粉彩"的辉煌。代表作：清雍正粉彩蝠桃纹橄榄瓶。

（3）色釉瓷。色釉瓷有很多种类型：通体一色者称单色釉，多色相间者称花色釉；烧成温度在1200摄氏度以上的叫高温颜色釉，在1000摄氏度以下叫低温颜色釉。色釉瓷的制作工艺是在釉料里加上某种氧化金属，经过焙烧以后，釉就会显现出某种固有的色泽，这就是颜色釉，可以用"万紫千红"来形容。瓷上色釉，源于商代陶器黄釉。汉末晋初，出现了青釉瓷器。到唐代，人们又创造了以黄、紫、绿为主的三彩。宋代又出现了天青釉、粉青釉、红宝釉、紫宝釉和黑釉。到了明代，便有了钧红、祭红、郎窑红、胭脂红、美人醉等名贵色釉。代表作：清乾隆茶叶末釉绶带耳葫芦瓶。

（4）玲珑瓷。在瓷器坯体上通过镂雕工艺，雕镂出许多有规则的"玲珑眼"，以釉烧成后，这些洞眼成为半透明的亮孔，十分美观。玲珑瓷往往配以青花图案，叫青花玲珑瓷。这种瓷器既有镂雕艺术又有青花特色，既呈古朴又显清新，集高超的烧造技艺和精湛的雕刻艺术于一身，充分体现了古代陶瓷艺人的聪明才智和艺术创造力。主要器物有玲珑炉、玲珑盖碗、玲珑笔架和玲珑香奁等。代表作：民国青花玲珑瓷。

四、景德镇陶瓷十大传世精品

在千年的制瓷历史上，景德镇涌现出无数件经典作品。有了它们的存在，才有了景德镇瓷都的千年辉煌。时至今日，一些作品虽历经岁月变迁，但仍然光彩夺目，让人惊叹不已。

1. 元青花云龙纹象耳大瓶

至正十一年（1351）景德镇出品的青花云龙纹象耳大瓶，此瓶成对，均有伤残且器形歪斜。一只高 63.3 厘米，直径 21 厘米；另一只高 63.6 厘米，直径 22 厘米。器形复杂，体形又大。除颈部两侧的耳饰外，瓶身有八层纹饰，自上至下依次为缠枝扁菊、蕉叶、飞凤灵芝、缠枝莲、四爪云龙、海涛、缠枝牡丹、覆莲杂宝，几乎囊括元青花绘画内容的全部。它的发现颠覆了此前"元代无青花"的认识，它也成为鉴定元青花的标准器，影响极为深远。此后凡是层次多、绘制内容与其相仿的元青花，都被称为"至正型"。

元青花云龙纹象耳大瓶

2. 元青花鬼谷子下山图罐

元代青花瓷器，主体纹饰为"鬼谷子下山图"，描述了孙膑的师父鬼谷子在齐国使节苏代的再三请求下，答应下山搭救陷入燕国阵中的齐国名将孙膑和独孤陈的故事。罐高27.5厘米，口径21厘米，腹径33厘米，足径20厘米。素底宽圈足，直口短颈，唇口稍厚，溜肩圆腹，肩以下渐广，至腹部下渐收，至底微撇。该器物于2005年7月在英国伦敦佳士得举行的"中国陶瓷、工艺精品及外销工艺品"拍卖会上，以折合人民币约2.3亿元的价格，创下了当时中国艺术品在世界上的最高拍卖纪录。

元青花鬼谷子下山图罐

3. 明永乐青花如意垂肩折枝花果纹梅瓶

该瓶高36.5厘米，纹样细腻柔美，形制比例得当，是永乐瓷器中的杰作。明代官窑瓷器中青花瓷的艺术成就极高，而永乐、宣德两朝可谓青花瓷器的全盛时期。该瓶即为永乐瓷器中的珍品。此梅瓶器形优美，釉如凝脂，抚若柔丝，青花发色浓淡相宜，是明代瓷器的代表作，展现了永窑的典雅秀美。2011年香港苏富比拍卖成交价约1.68亿港元。

4. 明宣德青花鱼藻纹十棱菱口大碗

陶瓷界素有"青花贵宣德，彩瓷贵成化"之说。宣德青花瓷在中国陶瓷发展史上具有重要地位，历来是收藏界的宠儿。此碗侈口，深壁，矮圈足。青花发色浓郁艳丽，带黑褐色结晶斑，釉面满布晶莹气泡，胎骨质坚细腻。器身通体呈十棱。外壁绘莲花塘水藻，游鱼四尾，碗心青花双圈内绘莲花、水藻及游鱼二尾，口沿内外各饰青线一道，圈足三道，底部青花双圈内书"大明宣德年制"六字双行楷书款。

此碗绘鲭、鲂、鳜三种游鱼，与莲花相组合，寓意"清廉""廉洁"，代表儒家思想中正直君子的完美形象。莲花出淤泥而不染，也是清白、纯净的象征。又"鱼"与"余"同音，为"富贵有余"的象征，与莲塘组合含"连年有余"之吉祥寓意，体现了中国自古以来特有的吉祥文化。明宣德青花鱼藻纹十棱菱口大碗在2017年4月香港苏富比拍卖会上以2.29亿港元拍卖成交。

5. 明成化斗彩鸡缸杯

斗彩工艺创烧于明代成化年间，用青花勾廓、五彩填色，有青花与彩瓷竞艳之意。鸡缸杯是明成化斗彩杯的品种之一，即饰子母鸡图之盛酒小杯，外壁环绘两组公鸡偕母鸡领幼雏觅食的画面。鸡缸杯色彩缤纷鲜明，抚之柔润如玉，绘画率真可人。

明成化斗彩鸡缸杯

史书上说，成化帝朱见深自幼在危机四伏的深宫里，有位年长他17岁的宫女万氏终年陪伴其左右。屡次经历重大变故，成化帝对万氏产生了深深的依恋。成化帝热衷书画，有一次他欣赏宋代人画的《子母鸡图》，看到母鸡带着几只小鸡觅食的温馨场景，继而联想到自己与万氏（当时已是万贵妃）早逝的孩儿，以及自己现无子继位，心里感触良多，所以命烧制鸡缸杯送给万贵妃。2014年，此杯在香港苏富比拍卖时成交价为2.81亿港元。

6. 清康熙郎窑红釉观音尊

清康熙四十四年至五十一年（1705—1712），江西巡抚郎廷极奉派前往景德镇御窑厂管理烧造事宜，生产的瓷器中有一种遥仿自宣德的红釉器，色泽鲜艳，特别引人注目。因是郎廷极监造之下的产物，所以称为"郎窑红"。此瓶形制和观音手持之净瓶相似，故又有观音尊之称。瓶口不规则的脱釉，则是郎窑红作品的典型风格。观音尊器形优美匀称，釉色鲜红，光彩夺目。此瓶釉质纯净肥润，玻璃质感极强。口沿及底足处有一圈白色边缘，俗称"灯草边"。瓶的内壁施白釉，白色纯正，类雪似银，与器表的鲜红色相映成趣，形成强烈的对比，是一件成功的红釉之作。

7. 清雍正瓷胎画珐琅柳燕图碗

共两只。一只高7.7厘米，口径15.8厘米，底径6.5厘米；另一只高7.4厘米，口径16.0厘米，底径6.7厘米。中国台北故宫博物院藏。两件作品纹样具有左右对称的特色。在碗面上，以珐琅彩画出一幅花红柳绿、春燕双栖（一碗两燕双栖，另一碗一燕虽栖却喜望另一燕来栖）的生动景象。两碗的柳枝，一向左，一向右，合体构图，色彩协

清雍正瓷胎画珐琅柳燕图碗

调，动静暗合，清丽悦目。画的对面，配以节自明朝大学士申时行《应制题扇》中的诗句"玉剪穿花过，霓裳带月归"，点出双燕穿飞柳荫花红的画意。这对碗虽造型简约，却是雍正"内廷恭造之式"的一个典范。

8. 清乾隆各种釉彩大瓶

清乾隆各种釉彩大瓶，清代乾隆年间烧制，高86.4 厘米，口径 27.4 厘米，足径 33 厘米。器身自上而下装饰的釉、彩达 17 层之多。该瓶标志着中国古代制瓷工艺达到顶峰，现藏故宫博物院。

该瓶所使用的釉上彩装饰品种有金彩、珐琅彩、粉彩等，釉下彩装饰品种有青花，还有釉上彩与釉下彩相结合的斗彩。所使用的釉有仿哥釉、松石绿釉、窑变釉、粉青釉、霁蓝釉、仿汝釉、仿官釉、酱釉等。主题纹饰在瓶的腹部，为霁蓝釉描金开光粉彩吉祥图案，共 12 个开光，其中 6 幅为写实图画，另 6 幅分别为蝙蝠、如意、蟠螭、灵芝、花卉等。如此复杂的工艺只有在全面掌握各种釉、彩性能的情况下才能顺利完成。

清代乾隆时期历时 60 年，是封建社会发展的

清乾隆各种釉彩大瓶

高峰时期。此时，由于乾隆皇帝嗜古成癖，对瓷器情有所钟，加之督陶官唐英对景德镇御窑厂的苦心经营，御窑厂的瓷器生产无论是数量还是质量都达到了前所未有的境界。特别是各种巧夺天工的制品层出不穷，其工艺技术之高可谓鬼斧神工。这件各种釉彩大瓶，集各种高温、低温釉、彩于一身，素有"瓷母"之美称，集中体现了当时高超的制瓷技艺，传世仅此一件，弥足珍贵。

9. 清乾隆粉彩镂空"吉庆有余"转心瓶

分为内外两瓶。内外于瓶颈相连，内瓶底部与外瓶内心连接，外瓶瓶身鲤鱼图案栩栩如生，配以镂空水波纹雕花设计，显得雍容华贵，瓶颈上红色"吉"字蕴含吉祥如意之寓意，由外部可以看到内瓶绘制的青花图案。该瓶内绘青花，外画洋彩、珐琅彩、粉彩，运用描金、镂空、转心、浮雕、浅刻等多种工艺，极尽奢华，令人叹为观止，属于清三代瓷器中的巅峰之作。清乾隆粉彩镂空"吉庆有余"转心瓶在 2010 年 11 月的伦敦拍卖会上以折合人民币 5.541 亿元的价格成交。

10. 清乾隆粉彩"万寿连延"葫芦瓶

清代，当景德镇御瓷工匠采纳及熟习乾隆初年开创的绘画技艺后，一种奢华繁缛的装饰工艺——"轧道锦地"备受推崇。这种以细针状物在釉面上刻画卷草纹、凤尾纹和花卉纹以表现"锦地"效果的工艺，于景德镇日臻完善。这只长颈葫芦瓶就是这一时期的杰作。瓶上所绘纹饰色泽艳丽多变，重叠交错，构图精巧，五彩缤纷。该瓶在 2010 年 10 月香港苏富比举行的中国瓷器及工艺品拍卖会上以折合人民币 2.19 亿元的价格成交。

清乾隆粉彩镂空"吉庆有余"转心瓶

江右书院冠华夏

书院，是中华文化史上一个醒目的亮点，是中国教育史上一种独特的文化现象。书院，记录了诗书中国。

书院的鼎盛，反映的是中华民族对于文化传播与学术自由交流的强烈追求。在古代中国，书院就是一个象征文化的符号，代表的是有着一定文化水准的话语圈。那些执着于传道的儒家士人满怀学术独立与思想自由的精神向度，在书院的形式助推下探寻着自我思想与现实意识的完美融合。正因为如此，书院往往被儒家士人看成独立研究学问的安身立命之所，承载着其"独善其身"的生活道路。书院的创建目的之一就是满足士人超世脱俗的精神追求。这就是为什么我们今天看到的书院，大都建立在僻静优美的地方。

"江右书院甲天下。"在1000多年的古代书院历史中，江西一直是全国书院发展的中心地区，并且数度独领风骚，成为中国的文化重地，拥有独特的历史地位。20世纪80年代，季啸风先生率领全国百余名学者普查古代书院，发现全国有书院7300余所，其中江西有990所，居全国各省之首。而根据江西省地方志编纂委员会办公室编纂的《江西书院》最新统计，江

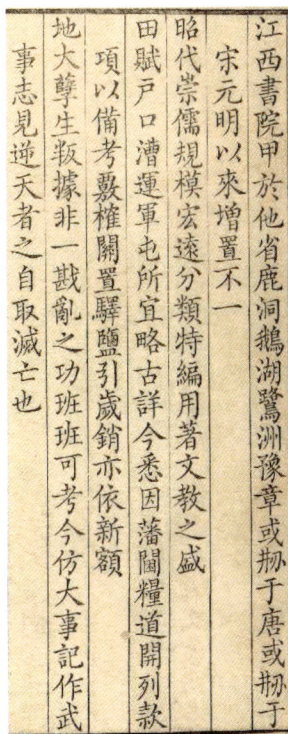

《西江志》中关于江西古代书院的记载

江西書院甲於他省鹿洞鵝湖鷺洲豫章或挹于唐或挹于宋元明以來增置不一昭代崇儒規模宏遠分類特編用著文教之盛田賦戶口漕運軍屯所宜略古詳今悉因藩闈糧道開列款項以備考數權關置置驛鹽引歲銷亦依新額地大尊生叛據非一戡亂之功班班可考今仿大事記作武事志見逆天者之自取滅亡也

吉安市白鹭洲书院

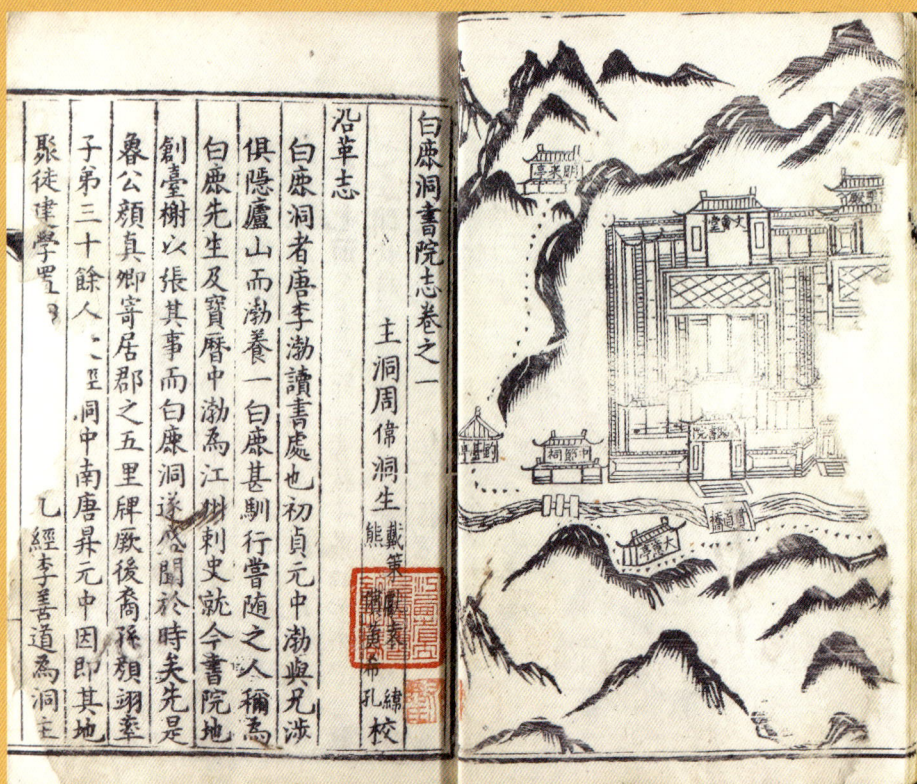

明万历刻本《白鹿洞书院志》

西有书院近 2000 所，比过去统计的数量多了一倍有余，超过全国书院总数的 1/4。

　　江西之美，美在山水；江右之盛，盛在人文。美景看不尽，人文道不完。在浩浩苍穹之下、莽莽林野之中，那一座座散落的古朴书院，像是一尊尊历史的雕塑，守望在山野间或溪河畔。在读书人眼里，在文化人心里，这些书院都是矗立的丰碑，是神圣高雅的殿堂，是不可磨灭的印记。

　　在庐山五老峰下，枕流溪的溪水从这里穿山越谷，流向远方。高耸入云的松柏和翠竹掩映下的白墙灰瓦，诉说着白鹿洞的故事，揭示了先贤的哲理。与其说白鹿洞书院供奉着朱子的雕塑，不如说是朱子的《白鹿洞书院揭示》昭告天下，初次确立了中国"大学"办学的准绳。

　　在徐岩的丹霞三峰山下，"象山书院"醒目的摩崖石刻让无数的造访者为之震撼，让人仿佛看见陆九渊"登而乐之，乃建精舍"，宣扬"宇宙便是吾心，吾心即是宇宙"，研学求道，不舍昼夜的场景。在这片遍布茂林修竹的地方，莘莘学子从四方来聚，相与讲习的读书之声远播信江两岸。

来到鹅湖书院，才明了原来鹅湖不是湖而是山，而这似乎昭示了"智者乐水，仁者乐山"的哲理。一如当年"鹅湖之会"，学以聚之，问以辩之，行以仁之，开书院会讲先河。从此，百家争鸣成为中国书院的学术发展道路。"尊德性""道问学"与"无极而太极"，这些千年话题，一直延展。后来辛弃疾与陈亮亦在此"长歌相答，极论世事"，纵谈十日，共商恢复中原之大计。

赣江之畔，白鹭洲依水而居，章贡合赣，一江赣水滔滔北去，多少故事从这里演绎成经典，多少人物从这里成长为圣贤。"载色载笑，从容水竹间"，从白鹭洲书院走出去的文天祥，写下了"人生自古谁无死，留取丹心照汗青"的千古绝唱，其一身壮士义胆、一腔报国情怀、一代文章节义，乃白鹭洲书院文化之写照。

已经远去的是辉煌，不曾离开的是记忆。远去的历史如同人的记忆，会散落许多的碎片，需要重新被拾起、还原。一座座书院就像一个个封存的古代书院制度标本。标本便于记忆，历史不能忘记。江右书院虽已封存在历史记忆里，但其思想、教化的传承却一直延续至今。

江西自古人文荟萃，一个很重要的原因就是江西私学自古就十分发达。从孔子开私学之风起，孔子弟子澹台灭明就游学南昌，结草为堂，授徒讲学。唐宋以后，江西的书院更是蓬勃兴起：德安东佳书院和高安桂岩书院是中国古代创办最早的一批私家招徒授业书院；庐山白鹿洞书院的学规成为后世书院准绳；上饶的鹅湖书院首开学术自由辩论之风；吉安的白鹭洲书院绵延近800年，演变至今，仍有3000学子求学其间，琅琅书声不断。而到近代，一批优秀的私立学校脱颖而出。尤其是经过改革开放数十年努力，江西的民办教育从无到有，从小到大，从弱到强，成为全国民办高等教育三强，进入了民办教育大省的行列。书院文化就这样薪火相传，浸润着一代又一代学子，渗入学子

鹅湖书院"斯文宗主"门头

魂灵，化作基因。那一片源于韩愈、周敦颐，飘自陆九渊、朱熹、王阳明的琅琅书声，在新时代继续声声入耳、句句传情，让下一代依然优雅如瓷、坚韧如丝。

虽然书院是一种古老的办学模式，但古老并不代表落后，"老树春深更着花"。如今，风靡全国的国学传统教育，足以说明书院的魅力与积极作用。虽然书院作为教育主体的地位已不复存在，但它不仅仅是一个供人们参观欣赏的旅游景观，它的精神血脉仍在不间断地传承着。在江西师范大学的简介中，"学校缘起于庐山白鹿洞书院"的表述就诉说了江西书院的源远流长。江右书院缔造的"理学""心学"，以及由它而衍生的大学堂和现今的高等学府，正迎着朝阳前行，成为赣鄱大地上一道亮丽的风景线。

作为江西传统文化的瑰宝，书院文化滋养了一代又一代的江西人，为中国的文化教育事业的发展作出了不可磨灭的贡献。书院绝不能消失，也不会完全废止。但岁月的流逝、历史的变迁，使江西古代书院饱经沧桑，许多书院已经变成废墟，再也难觅踪迹。据江西省第三次全国不可移动文物普查统计，全省书院现仅存 170 多所。

江西古代书院在中国书院史上独领风骚，书院文化是赣文化的典型代表。不断加强对书院文化的保护、研究、利用工作，发掘其当代作用，是促进江西文化强省建设的题中应有之义，也是保护中华文脉、保护民族文化基因的重要举措。唯有以敬畏之心礼敬书院，保护好现存的书院建筑，深入研究书院的内在价值，合理利用书院文化资源，方能守护好书院文化之根，再现江右文化的光芒。

红色文旅

　　江西这片土地上承载着太多的红色记忆，山水中凝结着太深的革命传奇，可谓县县有红色故事，市市有红色景区，全省犹如一个没有围墙的革命历史博物馆。在江西众多的红色文旅资源中，最佳代表当数"四大摇篮（中国革命的摇篮——井冈山、人民军队的摇篮——南昌、共和国的摇篮——瑞金、中国工人运动的摇篮——安源），四处胜地（伟人化险地——铜鼓、中央红军长征集结出发地——于都、改革开放策源地——小平小道、耀邦陵园地——共青城富华山），一营——上饶集中营，一人——方志敏"这十大红色文旅基因库。

一、中国革命的摇篮：井冈山

　　井冈山，地处江西省西南部、湘赣两省交界的罗霄山脉中段，古有"郴衡湘赣之交，千里罗霄之腹"之称。井冈山山势雄伟、地形复杂，20世纪20年代末处于国民党统治的薄弱地带，为中国共产党人建立革命根据地提供了天然屏障。1927年10月，毛泽东率领经三湾改编后的秋收起义部队到达宁冈，先后在宁冈、永新、茶陵、遂川等县恢复和建立党组织，实行工农武装割据，开始创建中国共产党领导下的第一个农村革命根据地。

井冈山火炬广场

井冈山斗争时期，以毛泽东、朱德为代表的中国共产党人把马克思主义普遍真理同中国革命具体实际相结合，先后打破了敌军的多次"进剿"和"围剿"，取得了黄洋界保卫战等大捷，有效地保存并发展壮大了革命力量，开辟了农村包围城市、武装夺取政权的革命道路，留下《西江月·井冈山》《中国的红色政权为什么能够存在？》《星星之火，可以燎原》等著名诗文，锤炼出跨越时空的井冈山精神，即坚定执着追理想、实事求是闯新路、艰苦奋斗攻难关、依靠群众求胜利。朱德称赞井冈山为"天下第一山"，彭真称之为"中华人民共和国的奠基石"，董必武称其为"革命山""旅游山""文化山"。

井冈山风景名胜区以革命人文景观为主体，现有 11 处景区、76 个景点、460 多个景物景观。其中，著名的有井冈山革命博物馆、井冈山革命烈士陵园、红四军军部旧址、黄洋界红军哨口遗址、八角楼、龙江书院、井冈山会师纪念碑、三湾改编旧址和毛泽东旧居等。

二、人民军队的摇篮：南昌

南昌，意为"南方昌盛之地"，又名豫章、洪城，江西省省会，地处江西省中北部，始建于西汉，迄今已有 2200 多年历史。江南三大名楼之首滕王阁屹立在南昌赣江之畔，唐初诗人王勃在此留下了千古名篇《滕王阁序》。南昌，是国家历史文化名城，亦是一座具有光荣革命传统的英雄城市。

1927 年 8 月 1 日，周恩来、贺龙、叶挺、朱德、刘伯承等率领党所掌握和影响的军队，在南昌发动起义，打响了武装反抗国民党反动派的第一枪。开国十大元帅中，有 7 位元帅直接或间接参加了南昌起义。南昌起义是中国共产党独立领导革命战争、开始创建人民军队和武装夺取政权的标志，南昌也因此成为人民解放军的诞生地，被誉为"英雄城"。1938 年 1 月 6 日，新四军军部、中共中央东南分局在南昌成立，南昌也成为新四军的主要诞生地。

在长期的革命斗争中，南昌见证了无数革命先辈追求真理的奋斗历程，留下了许多重要的革命文物和革命旧址。南昌著名红色旅游景点是八一起义旧址和新四军军部旧址，包括八一起义总指挥部旧址（南昌八一起义纪念馆）、贺龙指挥部旧址、朱德军官教育团旧址、叶挺指挥部旧址、朱德旧居、新四军军部旧址陈列馆等。此外，为了纪念南昌起义，南昌还有许多以"八一"命名的景点，如八一广场、八一起义纪念塔、八一公园等。

三、共和国的摇篮：瑞金

瑞金，地处江西省东南边陲、武夷山脉西麓，与江西兴国、于都、会昌和福建长汀等地相邻。瑞金，是土地革命战争时期中央革命根据地的核心地区，是中华苏维埃第一次、第二次全国代表大会召开地，被誉为红色故都、共和国摇篮、人民代表大会制度的发祥地。共和国从这里走来，"毛主席"的称谓从这里起始，"吃水不忘挖井人，时刻想念毛主席"的故事在这里诞生。

1929 年 1 月，毛泽东、朱德等率领红四军主力下井冈山，转战赣南、闽西。1931 年 11 月 7 日至 20 日，中华苏维埃第一次全国代表大会在瑞金叶坪村召开，大会选举了中华苏维埃共和国中央执行委员会，作为大会闭幕后的最高政权机关，毛泽东当选为中央执行委员会主席；大会宣告成立中华苏维埃共和国临时中央政府，并将瑞金改名为"瑞京"，定为首都。中华苏维埃共和国临时中央政府宣告成立，革命中产生的工农民主政权首次以国家形态登上中国政治舞台，其三年的治国理政实践，也为后来建立的中华人民共和国进行了伟大预演。

瑞金现有红色景区景点 180 多处，如红军广场、"一苏大会"会址、沙洲坝革命旧址群、红井、中华苏维埃纪念园等。自 1995 年新华通讯社率先在瑞金"寻根问祖"、修复革命旧址以来，目前已有 50 多家中央机关和国家部委来瑞金重续"红色家谱"，建立了爱国主义和革命传统教育基地。

四、中国工人运动的摇篮：安源

安源，地处江西省西部的萍乡市。萍乡位于湘赣边界，有"吴楚咽喉"之称，是近代工业崛起地之一，以产煤为主。安源煤矿是当时江南第一大煤矿，是当时全国最大工业公司——汉冶萍公司的主要厂矿之一。为反对帝国主义、封建主义的压榨剥削，在中国共产党成立前，安源路矿工人曾自发地进行了 7 次较大规模的斗争，但均以失败告终。

1921 年秋至 1930 年，毛泽东先后 9 次来到安源组织工人运动和开展武装斗争。1922 年 9 月，在毛泽东、刘少奇、李立三的组织领导下，安源路矿工人举行大罢工。大罢工历时 5 天，由于准备充分、行动统一，并且注意斗争策略，因此秩序极好、组织极严、未伤一人、未败一事，是中国共产党第一次独立领导并取得完全胜利的工人斗争，开创了早期中国工人运动"绝无而仅有"的成功范例。安源工人运动是中国共产党早期领导工人运动的光辉典范，安源也被誉为中国的"小莫斯科""无产阶级的大本营"。

安源工人运动的蓬勃发展，为后来中国共产党领导武装斗争积累了重要力量。1927 年 9 月，毛泽东、卢德铭等中国共产党人在安源、铜鼓、修水等地策划发动了湘赣边界秋收起义，留下了许多革命遗迹。目前，安源的红色教育基地主要有安源路矿工人运动纪念馆、秋收起义广场、总平巷、萍浏醴起义旧址等。

五、伟人化险地：铜鼓

铜鼓，地处江西省西北边陲，因城东有一巨石色如铜，形似鼓，击之有声，故名铜鼓。铜鼓是秋收起义的主要爆发地之一和前敌委员会所在地，是秋收起义的领导指挥中心所在地，也是毛泽东走上统帅之路的第一站。彭德怀、滕代远、萧克等老一辈无产阶级革命家创建的湘鄂赣革命根据地，也一度把军政首脑机关设在铜鼓。1927 年 9 月 9 日，毛泽东在前往铜鼓领导和指挥秋收起义过程中，陷入了人生中的一次险境，他凭着机智，并在当地农民陈九兴的帮助下转危为安。

毛主席与安源矿工 侯一民 绘

这段传奇经历为后人景仰并津津乐道。经多方考证，伟人化险地位于铜鼓县排埠镇的月形湾。

1936 年，毛泽东在延安接受美国记者斯诺采访时，曾详细讲述这段化险为夷的经历。斯诺的《西行漫记》以毛泽东亲自讲述的口吻生动再现了当时的场景："当我正在组织军队、奔走于汉阳矿工和农民赤卫队之间的时候，我被一些同国民党勾结的民团抓到了。"在被押往民团总部的途中，毛泽东说服了普通士兵，他们同意释放毛泽东，但队长却不允许。"于是我决定逃跑。但是，直到离民团总部大约二百码的地方，我才得到了机会。我在那地方挣脱出来，跑到田野里去。""我跑到一个高地，下面是一个水塘，周围长了很高的草，我在那里躲到太阳落山。士兵们追捕我，还强迫一些农民帮助他们搜寻。有好多次他们走得很近，有一两次我几乎可以碰到他们……最后，天黑了，他们放弃了搜寻。我马上翻山越岭，连夜赶路。我没有鞋，我的脚损伤得很厉害。路上我遇到一个农民，他同我交了朋友，给我地方住，又领我到了下一乡。我身边有七块钱，买了一双鞋、一把伞和一些吃的。我最后安全地走到农民赤卫队那里的时候，我的口袋里只剩下两个铜板了。"中央文献出版社1996年出版的《毛泽东传》对此事也有大致相同的介绍。

为纪念秋收起义和缅怀伟人这段传奇的经历，铜鼓县不仅修缮了秋收起义纪念馆、秋收起义阅兵广场、湘赣边界秋收起义前敌委员会旧址等红色景点，还兴建了伟人化险地景区，内有毛泽东旧居——吴家祠、毛泽东脱险陈列馆、毛泽东脱险藏身处、毛泽东铜像广场等。

六、中央红军长征集结出发地：于都

于都，地处江西省东南部，东邻瑞金市，南连会昌县和安远县，西接赣县区，北毗兴国县和宁都县，素有"六县之母"之称，是闽、粤、湘三省往来的要冲。于都，是中央红军长征集结出发地、南方三年游击战争起源地、长征精神的发祥地、中央苏区全红县和苏区精神的形成地之一。这片红色土地承载着中国共产党的初心和使命，见证了中国共产党的理想信念和革命意志，成为铸就中国共产党人伟大斗争精神的重要地区之一。

由于第五次反"围剿"的失败，1934年10月，中央机关、中革军委和中央红军主力8.6万人不得不离开中央革命根据地，在于都集结并开始战略转移，即长征。为了保证红军顺利渡河，于都人民无私奉献，大力支援红军。当时沿河所有的民船全部停运，共汇集了800多条大小船只，有的用作架设浮桥，有的用作摆渡。为避免国民党的飞机轰炸，也为了隐藏红军的战略意图，架设浮桥都在夜间进行。一到傍晚，有组织的群众拥向架桥工地，有的打火把，

有的送茶送饭，还有的送门板木材，仅 4 天时间，就在于都县 30 千米长的河段上架设了 5 座浮桥，布设了众多摆渡和涉河点。当时一位 70 多岁的曾大爷执意要把自己的寿材也捐去搭浮桥，周恩来知道这件事后，感动地说："于都人民真好，苏区人民真亲！"

2019 年 5 月 20 日，习近平总书记在于都县考察时强调："我们不能忘记党的初心和使命，不能忘记革命理想和革命宗旨，要继续高举革命的旗帜，弘扬伟大的长征精神，朝着中华民族伟大复兴的目标奋勇前进。"

于都红色旅游景点主要有长征第一渡口、中央红军长征出发地纪念园、中央红军长征出发地纪念馆、赣南省苏维埃政府旧址等。

七、改革开放策源地：小平小道

小平小道，地处江西省中北部的南昌市新建县（今江西省南昌市新建区）。1969 年 10 月至 1973 年 2 月，受到错误批判的邓小平被下放到江西省新建县拖拉机修配厂劳动。为方便邓小平上下班，工人师傅们在工厂后墙开了个小门，并用炉灰渣铺了一条 1500 多米长的小路，直通邓小平在陆军步兵学校的住所。邓小平夫妇风雨无阻来来回回在这条小道上走了 3 年零 4 个月。人们把这条小道称为"小平小道"。

中央红军长征出发纪念碑

小平小道是一条蜿蜒曲折、长满杂草的田间小道。路不宽，也不是很平，两旁就是庄稼地。这是一条特殊的小道，从小平小道延伸出去的，是一条通往国家富强、人民幸福的中国特色社会主义康庄大道。事实证明，小平小道是中国改革开放的策源地，这里是邓小平的蛰伏等待之地，是他改革开放思想的孕育之地和他领导全面整顿及改革开放的行动起源之地。邓小平的夫人卓琳说："通过三年的观察，邓小平更加忧思国家的命运前途。通过三年的思考，他的思想更加明确、思路更加清晰、信念更加坚定。这些，对于他复出不久即领导进行全面整顿，以及在党的十一届三中全会后制定新时期路线方针政策产生了直接影响。"

2002 年，江西开始对小平小道及原拖拉机修配厂周围进行保护性开发，除保留修缮了小平住宅楼、小平小道和小平劳动的车间等旧址外，还兴建了小平小道纪念馆区、革命史迹浏览区等多处建筑。

胡耀邦陵园纪念碑　蔡涛　摄

八、耀邦陵园地：共青城富华山

共青城，地处江西省北部、庐山南麓、鄱阳湖西岸，素有"鄱阳湖畔的明珠，京九线上的名城"之美誉，这是全国唯一一座以"共青团"命名的城市。1955 年，98 位上海知青响应党中央的号召来到德安县八里乡九仙岭（今属共青城市）垦荒创业。几代共青人经过努力，将其建设成为一座新城，即共青城。胡耀邦逝世后，经党中央批准，他的骨灰被安葬在共青城的富华山上。

胡耀邦曾任中共中央主席、中央委员会总书记。他是久经考验的忠诚的共产主义战士，伟大的无产阶级革命家、政治家，中国人民解放军杰出的政治工作者，长期担任中国共产党重要领导职务的卓越领导人。他 14 岁加入中国共产主义青年团，18 岁转为中国共产党党员。在长达 60 年的革命生涯中，从苏区的"红小鬼"到党和国家领导人，

255

从冲锋陷阵的革命战士到改革开放的开拓者，他为中华民族独立和解放、为社会主义革命和建设、为中国特色社会主义探索和开创建立了不朽功勋。胡耀邦对共青城建设与发展非常关注并寄予热切希望，他先后两次亲临共青、三次为共青题词，在共青城留下了风尘仆仆的身影和热情爽朗的笑声，给这里的人们留下了永久的记忆。

胡耀邦陵园坐落在富华山巅，墓碑坐西朝东，正前方是浩瀚的鄱阳湖。两翼有石阶曲径上富华山，间有大块斜坡草坪，墓地四周丘陵起伏，郁郁葱葱、钟灵毓秀。墓主碑由三块芝麻白花岗岩拼接成直角三角形，斜边着地，直角向上。整个墓体呈火炬形状，天鹅绒草皮覆盖墓碑的四周，瞻仰坪、活动坪、花坛、台阶均用花岗岩砌成，墓地背面呈半月形，有高大挺拔的龙柏衬托，显得庄严肃穆。陵园内建有"胡耀邦纪念馆"，陈列着260余件珍贵史料，真实记录了胡耀邦的革命生涯、生平事迹、治国思想、人格魅力和工作风范。

九、上饶集中营

上饶集中营，地处江西省东部上饶市城区南郊。上饶集中营由七峰岩、周田村、茅家岭、李村等处集中营组成，它是皖南事变的历史产物。

在集中营内，国民党顽固派曾先后羁押皖南事变中前往谈判的新四军军长叶挺以及被俘的新四军排以上幸存将士和从东南各省搜捕来的共产党员、抗日爱国进步人士共900余人。被俘期间，他们以高度的政治觉悟和组织纪律，与国民党顽固派进行了各种顽强抗争，表现了捍卫真理、不怕牺牲、英勇抗争的坚定信念和伟大的爱国主义精神，树立了一座不朽的革命丰碑。

上饶集中营是革命先辈与敌人斗争的历史教材，也是先烈留给后人的一笔宝贵的革命遗产和精神财富。上饶集中营旧址由中心景区、周田监狱旧址区、李村监狱旧址区、七峰岩监狱旧址区等参观游览区组成，内有纪念馆、纪念碑、纪念亭、革命公墓等。

十、伟大的无产阶级革命家：方志敏

1928 年至 1933 年，方志敏领导起义的农民开展游击战争，实行土地革命，组建了中国工农红军第十军，创建了赣东北革命根据地（后扩大为闽浙赣革命根据地）。他把马克思主义普遍真理同赣东北革命具体实际相结合，探索创造了一整套建党、建军和建设红色政权的经验，毛泽东将赣东北革命根据地称为"方志敏式"根据地。1934 年 11 月，他奉命率红军北上抗日先遣队北上，在皖南遭国民党重兵围追堵截，终因寡不敌众，于 1935 年 1 月在江西省玉山县陇首村被俘。1935 年 8 月 6 日，方志敏在南昌市下沙窝英勇就义，时年 36 岁。

在狱中，方志敏将对党、对祖国、对人民的爱化成了一篇篇精神力作，先后写下了《我从事革命斗争的略述》《可爱的中国》《清贫》《狱中纪实》等重要文章。《可爱的中国》被称为爱国主义的千古绝唱，至今仍被人们当作经典的精神食粮和文化瑰宝。清贫，是方志敏一生最鲜明的品格风范，是中国共产党人世代相传的红色基因。他在《清贫》里写道："经手的款项，总在数百万元，但为革命而筹集的金钱，是一点一滴地用之于革命事业。"习近平总书记说："我多次读方志敏烈士在狱中写下的《清贫》。那里面表达了老一辈共产党人的爱和憎，回答了什么是真正的穷和富，什么是人生最大的快乐，什么是革命者的伟大信仰，人到底怎样活着才有价值，每次读都受到启示、受到教育、受到鼓舞。"

今天，当我们循着方志敏烈士一生奋斗的足迹前行，可以看到众多的革命旧址，如弋阳县方志敏故居、横峰县闽浙皖赣革命根据地旧址群、玉山县中国工农红军北上抗日先遣队纪念馆、南昌市下沙窝方志敏烈士事迹陈列馆、南昌市梅岭方志敏烈士纪念园等。

江西之"道"

一、道、道家与道教

"道"首先由春秋时期著名思想家老子所提出，他在仅有5000言的《道德经》中说："道生一，一生二，二生三，三生万物。"由此可以看出，老子认为"道"是宇宙万物的本体、本原，是世界的最高真理，世上的一切都由道而生。"道"又是万事万物运行之轨道，一切事物产生、发展、变化的总规律。

道家作为一种思想流派，最早可追溯到上古时期，由老子在继承并系统总结古圣先贤之大智慧的基础上创立。道家思想崇尚自然，有辩证法因素和无神论倾向，提倡人与自然和谐相处，博大包容，主张清静无为，反对争斗。

而道教区别于道与道家，是中国的一种重要宗教，由东汉张道陵创立。入道者须出五斗米，故又称"五斗米道"。道教徒尊称张道陵为天师，因而又叫"天师道"。道教奉老子为教祖，尊称他为"太上老君"，以其《道德经》为修仙境界的主要经典。儒释道三家是中国文化重要的组成部分，其中道教既是以中国本土思想为指导，又是在本土生长出来的宗教，在中国发挥着特殊作用。其对中国哲学、政治学、文学及在音乐、医药、健康养生等领域都产生过较大影响。

二、江西之"道"的传说

自古以来，江西的名山大川、风景名胜众多，为道教的存在与生发提供了良好的条件和环境，留下了许多美好传说。

据传，黄帝的乐臣伶伦曾隐居南昌西山养身修道，因伶伦称洪崖先生，西山又称洪崖山。他在此凿井炼丹，取竹烧火，竹节爆裂，发出声响。伶伦受此启发，"斩竹做笛，恰五凤飞鸣，合其音而定律"，由此他也成为中华音乐的鼻祖和乐器制作的开创者。

据《庐山志》记载，周威烈王时，匡俗兄弟七人结庐隐居于南漳山，学道成仙。"匡庐奇秀甲天下"，庐山由此得名。

流传很广、影响巨大的还有麻姑的传说。相传三月三日西王母寿辰，麻姑于绛珠河边以灵芝酿酒祝寿。由此中国民间女性祝寿多赠麻姑像。麻姑十八九岁已得道，自言曾三次见到东海变桑田。她虽多经磨难，但屡用道法救人，而且青春永驻，三次现身都是十八九岁的少女形象，遂留下了"沧海桑田""麻姑献寿""掷米成珠"等典故。她修身养性、得道成仙之地就在江西省南城县的麻姑山。

三、江西道教的主要代表人物与派别

江西是道教产生、发展、繁盛的"福"地。从源头论，东汉张道陵在龙虎山创立天师（正一）道，江西成为中国道教的发祥地。从发展看，江西是道教繁盛之地。早期道教主要分为三派，即龙虎山正一派、阁皂山灵宝派、茅山上清派，其中正一、灵宝两派

鹰潭嗣汉天师府头门

均位于江西；宋元以后，龙虎山主领三山符箓，灵宝派、上清派逐渐合并为正一派，全国道教分为江南正一和北方全真两大道派，一直流传至今。江西在道教发展过程中，出现了一些著名道教人物，出版了许多道教著作，为道教的发展作出了巨大贡献。

1. 张道陵与天师道

江西道教虽然源远流长，教派林立，高道辈出，但从当下看，影响最大的，非张道陵在江西鹰潭创立的正一派莫属。东汉和帝永元初年（89），张道陵为寻找修道宝地，来到江西云锦山炼九天神丹，"丹

鹰潭市龙虎山

成而龙虎见，山因得名"，遂将此山改名为龙虎山。江西有组织的道教由此开启，张道陵成为中国道教第一人。此后在历代封建政权的大力扶植和利用下，江西道教各门派逐步得到发展。汉末第四代天师张盛，继承祖业，开创天师道龙虎宗。龙虎宗经魏晋南北朝、隋唐成长壮大，到宋时张天师已由一教之主，发展至主领三山符箓，元代进一步被封主领江南道教。明初，天师道进入最鼎盛时期，发展到掌管天下道教事，民间广为流传"北有孔夫子，南有张天师"之谚，反映了其尊贵地位。尽管改朝换代不断，天师道却世代相传，延续了 1900 余年。

2. 葛玄与灵宝道派

东汉建安七年（202），著名道士葛玄来到江西阁皂山悟道修真。葛玄既是灵宝派的始祖，又是樟树医药业的奠基人。他在炼丹过程中发现、采集和制作了大量中草药，形成了中药中的"樟帮"，阁皂山也因此而成为樟树药帮的祖山。葛玄之后又有许多道人来此采药炼丹，其中葛洪贡献最大，他撰写的《金匮药方》是中国早期医书和药材炮制的典范。葛玄在阁皂山收弟子 500 人，传授《灵宝经》。经其后人葛洪至葛巢甫，正式创立灵宝道派。直至明代逐渐衰落，大约传承了 55 代。灵宝派与其他道派不同的一大特点是，大量吸收佛教教义，把道教历来以自己修炼功成得道为主的教义，发展为必须担负行善积德、普度众生的责任，更能为一般民众所接受。灵宝派至今在江西仍有影响，如铅山县的葛仙山至今香火旺盛，方圆上百里的许多乡民都供奉葛玄。

3. 许逊与净明道派

许逊，吴赤乌二年（239）出生于江西南昌益塘坡。从小博闻强记，一目十行。虽有学问，但不求功名，专事修道，希望用仙法道术，济世救人，革除时政弊端。朝廷闻其贤名，屡加礼命。许逊不得已任蜀旌阳令，上任伊始，提出了"忠、孝、廉、谨、宽、裕、容、忍"八字方针，作为吏民共同的行为准则。从此，县吏廉洁从政，百姓民风淳朴。离任时大量百姓自愿背井离乡跟随。许逊还是 1700 年前治理鄱阳湖水患、保护生态环境的水利专家。他不仅深入灾区诛巨蟒，还教人植树造林，涵养水源，抗御洪灾。为不与贪官污吏同流合污，他决心弃儒从道，收 11 位弟子，连许逊共 12 人，号为"西山十二真君"。许逊率众人设坛传教，发扬净明忠孝之道。他的后代在其旧居建起许仙祠；南北朝时，改许仙祠为游帷观；北宋时，徽宗崇道，改观为宫，号玉隆万寿宫，封许逊为"神功妙济真君"。元朝时，道士刘玉用"净明"作为教派名称，创立"净明道派"，作为灵宝派的一支，奉许逊为教祖。每年八月初一至八月十五，百姓都会来到万寿宫朝拜，纪念许真君。万寿宫在国内和东南亚共建有 1500 多座，宫内立许真君塑像，成为江西商人聚居的会馆，被认为是江西的象征之一。

四、江西道教的仙山琼阁

江西道缘深远，道教文化深厚。在全国道教"36洞天72福地"中，江西有5处洞天、12处福地，位居全国第二。这些洞天福地，既是道修之地，又是旅游养生的好地方。

龙虎山位于鹰潭市，方圆200平方千米，境内峰峦叠嶂，树木葱茏，碧水长流，并以24岩、99峰、108景著称，阴阳相对，和谐共生，自然风光十分优美。国内一流团队打造的实景节目《寻梦龙虎山》，精彩纷呈，美不胜收。在道教兴盛之时，先后有十大道宫、八十一座道观、五十座道院、十个道庵。现保存完好的宏大的天师府，是人们观道的好地方。这里至今被公认为"道教祖庭""中华道都"。

三清山位于上饶市玉山县与德兴市交界处，为怀玉山主峰和信江源头，自古享有"江南第一仙峰，天下无双福地"之殊誉。三清山中有玉京峰、玉华峰、玉虚峰三座高峰，因三峰峻拔，如道教所奉的三位天尊玉清、上清、太清列坐其巅，故而得名。三清山北山现存完好的道教古建筑，共有宫观、亭阁、石刻、石雕、山门、桥梁200余处，道教建筑遍布全山，有"露天道教博物馆"之称。三清山还是世界自然遗产、世界地质公园、国家5A级景区。

葛仙山位于上饶市铅山县，是国家风景名胜区。站在山峰上眺望四周，九条支脉如九条苍龙，盘旋腾跃，气势雄伟，人称"九龙窜顶"。该山相传因葛玄在此修道成仙而得名。至今，试剑石、道人石、龙舌池、七星井等仙人足迹犹存。

灵山位于上饶市西北部，距上饶中心城区仅20千米，被誉为"奇石海洋、心灵之山"。灵山拥有世上罕见的环状花岗岩峰林地貌、中国最具特色的高山灵石梯田、江南最优的造型石地貌等，共有108处景点。灵山又称灵应山，是"有求必应"的"信之镇山"，是著名的道教名山。自唐至今，每年灵山各宫观朝山进香大会鼎盛，以石人殿最为隆重。特别是上山索道开通后，进香者每年达40余万人次。

麻姑山位于抚州市南城县，这里风光秀丽，不仅有奇特壮观的飞瀑"玉练双飞"，千古流芳的"鲁公碑"，还有"半山亭""仙都冠""神功泉""龙门桥""丹霞洞"等古迹仙境，是著名的洞天福地。麻姑庙是一座典雅、古朴的建筑群，主要建筑有三清殿、元君殿，保存着唐代著名书法家颜真卿的楷书代表作《麻姑仙坛记》。

玉笥山位于吉安市峡江县，风光绮丽，气象万千，蒙上了神秘道家色彩，产生过许多神话传说。武帝南巡时，路过此山，天降玉笥，遂称玉笥山。其山方圆40平方千米，峰峦连绵不绝，自北向南有覆箱、太白、元阳、送仙等32峰。玉笥山自秦代以来，历为方士、道士修

灵山晨曦 李国武 摄

真炼丹之所，成为江西道教名山。

　　以上所述，只是江西之"道"的沧海一粟。我们挖掘江西道教，是为了人们正确认识、研究和宣传"道"文化，说明江西是中国道教的发祥地，江西鹰潭是"中华道都"，使江西成为"道"文化研究成果的展示高地、道教健康养生的新型福地、"道"文化产品的创意基地、海内外游客道文化旅游体验的目的地；使江西之"道"为更多人所了解，成为江西文化旅游的一道亮丽风景。

禅宗圣地

　　宜春以其泉水"夏冷冬暖，莹媚如春，饮之宜人"而得名。这里名胜众多，除温汤富硒温泉外，还有美丽的明月山与月亮文化、靖安的三爪仑、樟树的阁皂山、丰城的洪州窑、高安的元青花、铜鼓的伟人化险福地等。大文豪韩愈在唐代就写下了"莫以宜春远，江山多胜游"的诗句。与其他地方相比，江西宜春的自然和人文还多了一重宗教文化的底蕴，这就是禅宗。

　　禅宗，始于印度，由初祖菩提达摩传入中国，经六祖慧能创立顿悟成佛的禅宗教义，完成了禅宗中国化改造，在青原行思、南岳怀让、马祖道一、百丈怀海等人的大力弘扬下，终于一花五叶，盛开秘苑，成为流传最广的中国佛教宗派。禅宗并非发祥于宜春，但禅宗的成形

及繁荣却主要在宜春。唐宋以来，佛教禅宗文化在宜春这片土地上播种、生根、开花、结果，一派梵天佛国、禅宗圣地的景象。2011年，禅宗临济宗第48代传人，台湾佛光山开山宗长星云法师到江西宜春寻根访祖，挥毫写下"禅都宜春"四个大字。中国佛教协会原会长一诚法师也曾欣然题词："宜春是禅宗圣地。"海峡两岸两位禅宗大家都肯定了宜春在中国禅宗发展史上的特殊地位。

宜春是禅都，因为禅宗发展过程中最重要的三位高僧都在这里有过重大贡献。一般认为，确定禅宗教义的是六祖慧能，大兴禅宗道场的是马祖道一，始创禅宗戒律的是百丈怀海。宜春是慧能弘道传法之地；靖安宝峰寺是马祖道一所建重要道场，也是其圆寂之地；奉新百丈寺是怀海法师的住持修行之所，也是立下"天下清规"之地。佛教史上两大重要改革创新均发生在宜春，史称"马祖建丛林，百丈立清规"。

丛林禅修解决了禅宗发展的"硬件"问题。

早期禅宗从初祖达摩到三祖僧璨皆四处云游，以乞讨为食，居无定所。从四祖道信开始，禅宗开始尝试解决禅僧的吃住问题，但没有

百丈胜境 聂晋生 摄

067

形成制度性安排，少数大禅师至多是寄名于合法寺院，其人则离寺别居，或岩洞，或茅庐，大部分禅僧更是无度牒、无寺籍、动无彰记、随其所止。居无定所带来两方面问题：从外部来说，大量禅僧行无踪迹、游化为务，已经成为一些地方的不稳定因素；从内部来说，没有固定的传教场所，就没有交流学习的氛围，不利于禅宗传教。为解决这些问题，马祖道一开始广建丛林，聚众授徒，建立集体劳作、共同参修的制度，"合众以成丛林，清规以安禅"。马祖道一在江西建有48座道场，其中绝大部分在宜春。从此以后，禅僧得以安顿，有了参禅悟道之所，从源头上改变了禅僧流动不居的生活习性；马祖提倡农禅并重，改变了禅僧不事生产、以乞食为主的生活方式，从物质上保证了禅僧生活的自给自足。禅宗六祖慧能曾预言："向后佛法从汝边去，马驹踏杀天下人。"这一"马驹"，便是后来的马祖道一。马祖建丛林为禅宗在中国乃至世界的辉煌与延续提供了坚实的物质基础，马祖也因此成为中国禅宗史上影响巨大的人物之一。

清规戒律解决了禅宗发展的"软件"问题。

丛林越建越多，道场越来越大，出家人越来越多，为僧人管理带来新的问题。一方面，禅宗的实际生活、生产状况与旧的戒律发生冲突，传统戒律是不允许出家僧侣从事农作物生产的，若违反则视为犯戒。另一方面，居有定所、物产日增、百姓景仰、馈赠丰盛，产生了各种问题。寺庙如何管理？集体生活如何约束？生产劳动如何组织？物品怎样分配？在这样的背景下，马祖道一的弟子百丈怀海禅师决心实行改革，他移居奉新县百丈寺潜心研究，依据中国国情、地理、民间风俗等，博采大小乘戒律中适合中国佛教发展的合理部分，制定出一部新的管理制度，这就是中国佛教第一部管理法典《百丈清规》。怀海在清规中提出"一日不作，一日不食"的口号，并亲力亲为，将许多重要规矩制度化。到了宋朝初年，《百丈清规》被定为天下禅林必须奉行的管理条例，一直沿用至今。《百丈清规》是怀海对禅宗的重大贡献，它保证了佛教的庄严性、崇高性、权威性和神秘性，使禅宗完成了中国化改造，从制度层面推动了佛教禅宗的可持续发展。

宜春是禅都，因为禅宗在宜春得以定型和繁荣。

禅宗始祖达摩传法给二祖慧可时，曾有一偈语："吾本来兹土，传法救迷情。一花开五叶，结果自然成。""一花"即达摩，所谓"五叶"，即沩仰、临济、曹洞、云门、法眼五大宗派。一花开五叶后，禅宗才成为中国佛教第一大宗。后来临济宗下派生出杨岐、黄龙两宗，故曰"五家七宗"。禅宗发展到"五家七宗"时，进入了极盛期，验证了达摩祖师"一花开五叶，结果自然成"的预言。纵观从慧能到五宗并立这200年间的禅宗史，可以说禅宗的全部繁荣过程，其根源都离不开宜春。宜春为禅宗各家的孕育繁衍、成长壮大提供了一块充满生机的沃土。

一花开五叶，三叶在宜春。禅宗五家中，就有沩仰、临济、曹洞三家发祥于宜春。临济宗萌芽于宜丰黄檗，曹洞宗扬穗于宜丰洞山，沩仰宗结果于袁州仰山。马祖道一、百丈怀海一系发展出沩仰、临济

栖隐禅寺内刻有"方圆默契"的照壁

靖安宝峰寺山门

二宗，沩仰宗、临济宗的开创者都是百丈怀海的徒弟。沩山灵祐先于奉新百丈山师从怀海，后迁湖南沩山，其弟子慧寂徙居宜春仰山，别创禅宗一派，是为"沩仰宗"，仰山栖隐禅寺也成为禅宗沩仰宗祖庭。黄檗希运亦于百丈山师从怀海，后居宜丰黄檗。其弟子义玄远赴河北临济院，又创禅宗一派，是为"临济宗"，其宗派的最初产生地黄檗禅寺被公认为临济宗祖庭。曹洞宗创始人良价，系云岩昙晟的弟子，昙晟亦师从怀海20年。良价云游至宜丰洞山，创建广福寺，名声显赫。其弟子本寂后在江西宜黄弘扬旨义。后人将其师徒创立的宗法称为曹洞宗。禅宗五家中，云门、法眼二宗出现于五代。两宗虽不发祥于宜春，但其法嗣们却都相中了宜春这块风水宝地以振宗风。杨岐宗创始人方会是袁州人，出家于上高九峰山，黄龙宗宗师慧南也是宜春的禅林学子。由此可见，禅宗"五家七宗"均与宜春有着直接或间接的联系。近些年来，韩国、日本、越南的禅僧到中国来寻根问祖，很多都要到宜春的祖庭来朝拜。宜春市的对外文化交流和旅游活动，就目下而言，以宗教文化最频。

宜春是禅都，因为宜春至今仍保留着许多重要禅宗文化遗存和文化传说。

马祖道一归真处靖安宝峰寺，有宋代建筑马祖塔亭历经千年风雨至今保存完好。怀海创建的奉新百丈寺一直祖灯相传，佛光普照；唐代大书法家柳公权手书、镌刻于百丈山巨石上的"天下清规"四个大字苍劲有力，至今犹存。沩仰宗祖庭栖隐禅寺，宋元之际驰名于世，元仁宗敕寺额"大仰山太平兴国禅寺"，并令程钜夫撰文、赵孟𫖯书写，作"大仰山重建太平兴国寺碑"，碑文后被作为书法艺术珍品被清朝乾隆皇帝收入"三希堂法帖"，流传至今。临济宗祖庭黄檗禅寺，历来为僧众朝拜的圣土，现存宗师、住持级的佛塔就有69座之多。宜丰洞山不仅是曹洞宗的发祥地，而且是著名的风景名胜区，古木参天、小溪潺潺，不仅有"逢渠桥""夜合石"以及摩崖石刻等古迹，而且有"价祖塔"和夜合山塔林，吸引着众多的日本僧人远渡重洋来此参拜。这里还留下了许多美好的故事。相传当年落难时的唐宣宗在百丈寺当沙弥时，遇上一位清纯秀丽、朴实可爱的姑娘，因受到寺规约束，不敢越雷池半步。后来唐宣宗回宫即位后即下旨到百丈山接姑娘进宫，姑娘被皇帝寻人的队伍吓坏，就在吊楼上用一根绳子寻了短见。宣宗得知后悲痛不已，命人按照皇妃的殡仪，将姑娘埋在了百丈寺左侧的山坡上，并建了一座皇娘庙。

纵观中国禅宗发展的历史，宜春可谓风云际会、璀璨纷纭。诸多禅宗祖庭集中于宜春这方净土，无数法门龙象开堂说法于宜春的群山峻岭之间。分布在各个县区的近二十处禅宗寺庙，构成宜春五百里禅宗长廊，云蒸霞蔚，异彩纷呈。历史上，黄檗希运、仰山慧寂、洞山良价、黄龙慧南、杨岐方会、末山了然等大德高僧在宜春弘道传法，韩愈、柳公权、裴休、陆希声、黄庭坚、范成大等历史名人因禅宗在宜春留下踪迹。这些禅宗法师、文化名人荟萃宜春，交流甚多，佳话连篇，使得宜春成为禅宗定型、繁荣之地。

赣菜飘香

一、什么是赣菜

赣菜，又叫江西菜，是江南地区的代表菜，也是中国饮食文化的重要组成部分。纵观全貌，赣菜注重选材，刀工精细，调味多变，讲究火功，技法多样。风味特点是用料鲜广、口味浓厚、鲜亮咸辣，多以山珍水产为原料，辅之以辣椒、生姜、大蒜，讲究食补养生，重视材料搭配，滋味相互渗透。

江西菜有着多元结构，由于受地区产物、民风习俗和自然条件等诸多因素影响，赣菜逐步形成了以鄱阳湖流域、罗霄山区和武功山区为中心的三种主要地方风味。一是鄱阳湖风味。以南昌、九江、上饶为代表，素以烹制河鲜、家禽见长，擅长红烧、清蒸和煸炒技艺，其菜肴具有酥嫩、鲜辣、浓醇的特色。代表菜有南昌瓦罐汤、余干辣椒炒肉、鄱阳三色鱼、清蒸荷包红鲤鱼、新雅四宝等。二是罗霄山风味。以赣州、吉安为代表，包括赣南客家菜和庐陵菜，注重刀工火候，尤以蒸、炒、烩、焖、烧、炖为考究，突出本地食材的鲜、香、脆、酸、咸、辣。其代表菜有四星望月、粉蒸肉、三杯鸡、赣南小炒鱼、永新狗肉、万安鱼头等。三是武功山风味。以萍乡、宜春为代表，取材多用本地的山珍、农家土特产品，并根据不同季节巧用辣味原料，是赣菜中最辣的一个支派。其代表菜有萍乡小炒肉、莲花血鸭、烟熏肉、粉皮羊肉、武功冬笋、老表土鸡汤等。三种地方风味，各具特色、彼此交融、相互依存，构成了赣菜千奇百味的格局。

南昌糊羹　汪湧　摄

井冈山糍粑

二、赣菜的起源

江西地处长江中下游南岸，素有"物华天宝""人杰地灵"的美誉，气候温和，雨水充沛，土地肥沃，森林覆盖率位居全国前列。还有中国第一大淡水湖鄱阳湖，与赣江、抚河、信江、饶河、修河五大河流构成江西水系。得天独厚的自然条件，令山珍河鲜、鸡鸭猪牛、四时果蔬，富甲东南一隅。明清时，全国四大米市、五大茶市、四大名镇，江西均占一席。赣东北是赣抚平原，有着"天下粮仓""鱼米之乡"的美誉，渔业发达，盛产稻米；赣中南是吉泰平原，多为丘陵与盆地，农牧副渔发达；赣西多山，盛产山珍野味。丰富的物产，为千奇百味的赣菜在选材上提供了源源不断的物质条件。江西著名特产有鄱湖银鱼、军山湖大闸蟹、乐平猪、玉山黑猪、宁都三黄鸡、崇仁麻鸡、泰和乌鸡、南安板鸭、弋阳雷竹、莲花麻鸭、高安黄牛、鄱湖藜蒿等等。

赣菜历史悠久。汉《史记·货殖列传》描述豫章等地"饭稻羹鱼，或火耕而水耨，果隋蠃蛤，不待贾而足"。南昌西汉海昏侯墓室中发

瑞州烧卖

南昌瓦罐汤

　　现了最早的火锅和装有芋头的蒸馏器，这说明早在西汉时期，江西餐饮就较为发达。通过各类典籍考证，赣菜在汉代就有煎、炒、煨、蒸、炖、熏等多种烹饪手法，与现在没有很大的差别，只是现在烧、炒、焖的技艺更加成熟一些。东晋时期，雷次宗《豫章记》描述江西"嘉蔬精稻，擅味于八方"，说明了当时江西地方的饮食文化之盛行。

　　宋明时期，江西经济、文化均位居全国各道（路、省）前列，此时赣菜的形成与江右商帮的兴起、发展密切相关。江西商帮最早兴于北宋时期，元代时发展壮大。在明清时，江右商帮以其人数之众、操业之广、实力和渗透力之强称雄中华工商业，对当时的社会经济产生了巨大影响。1500多座江西会馆和万寿宫遍布全国，当时江西流传着"一个包袱一把伞，走南闯北当老板"的说法。江右商帮讲究厚德诚信，注重团结合作，经常在一起聚会用餐，又偏爱家乡风味，可以说哪里有赣商，哪里就有赣菜馆，这对赣菜的发展推广起到了积极作用。

　　经过漫长的岁月，在历代名厨的创新创造、兼容并蓄下，如今赣菜已集中了江西各地的风味特色、名馔佳肴，逐步形成了雅俗共赏、老少咸宜、独具一格、自成一体的菜系。

三、赣菜的发展

1. 从农家菜演变为文人菜

江西自古传统农业发达，农耕文化历史悠久，餐饮方面也倾向于农家菜风味。但江西自古文人众多，特别是随着书院教育的昌盛，读书求仕之风盛行。宋明时期，江西文化巨子喷薄而出，开宗立派，引领潮流，晏殊、欧阳修、曾巩、王安石、黄庭坚、杨万里、陆九渊、文天祥、解缙、汤显祖等就是其中最杰出的代表。加上江西山清水秀、风景独好，不管是慕名而来的帝王将相、文人墨客，还是本地成长起来的文人才子，都影响了赣菜的饮食文化，也留下了许多千古佳话。比如朱元璋饿吃"流浪鸡"，乾隆野游难忘"银鱼肉丝"，范仲淹赞赏"鄱湖鱼米"，张天师酸制"上清豆腐"，陶渊明醉烧"菊花火锅"，许逊热衷"藜蒿炒腊肉"，周瑜疾补"柴桑鸭"，王勃智擒"双层肉"，白居易感怀"思乡鱼"，汤显祖钟爱"冻米肉丸"，欧阳修联想"海参眉毛丸"，文天祥义献"文山鸡丁"，等等。正是诸多赣菜与历史名人的佳话，让江西菜又叫"文人菜"。

2. 从地方风味升级为国宴佳品

尽管赣菜被称为"文人菜"，但与其他著名菜系相比，赣菜长期以来名声不显。1983年，江西派出由20余位一流厨师组成的代表团进京开展江西名菜展销活动，30道赣菜随团首次亮相北京，受到老一代中央领导人的青睐和称赞。党和国家领导人接见了代表团全体同志。在品尝江西菜后，王震题词"鄱阳湖水产、井冈山山珍、景德镇瓷具、江西厨师，称誉全球"。会后，代表团又应邀请前往钓鱼台国宾馆进行烹饪表演，收获如潮好评。"三杯鸡"和"海参眉毛丸"被列入国宴菜谱，为烹制"三杯鸡"，国宾馆还特地在抚州南丰定制了专用的瓦钵泥炉。

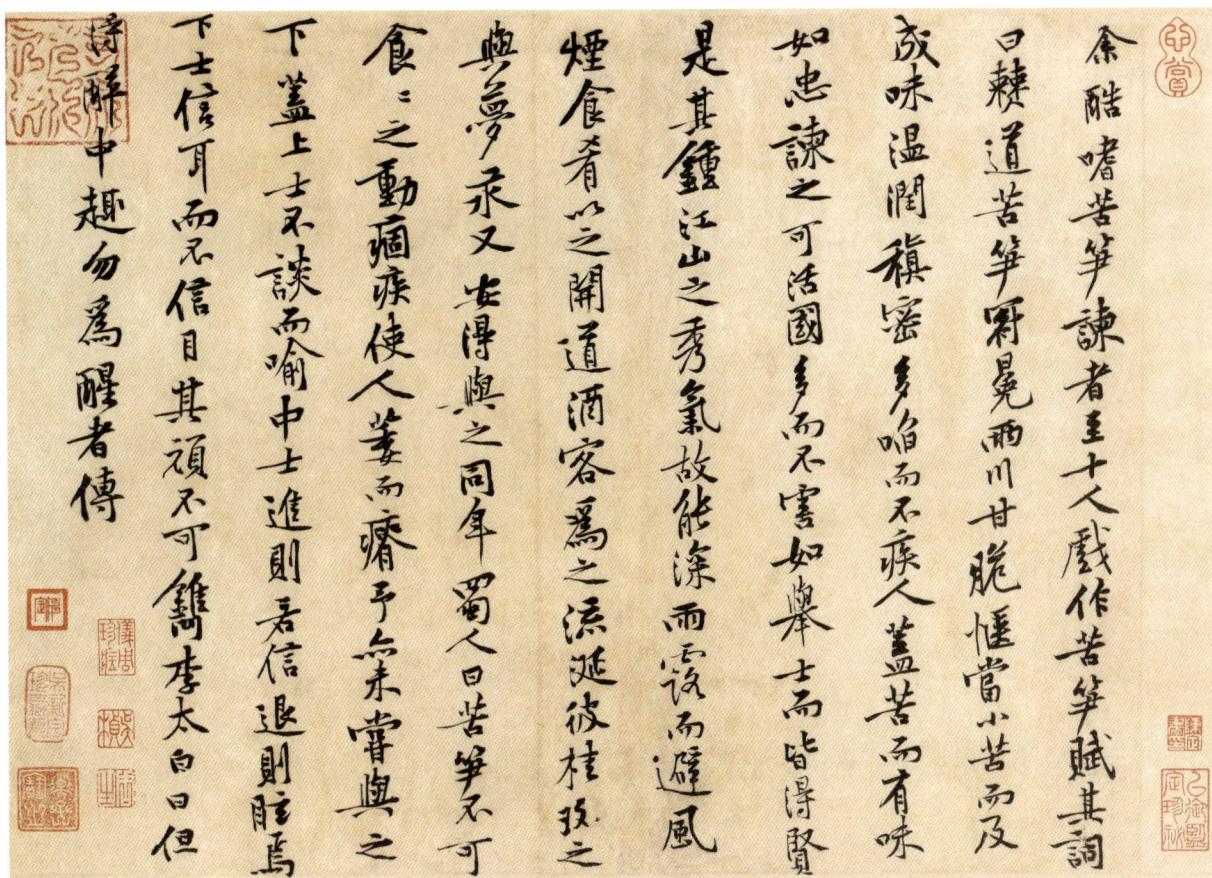

苦笋赋 黄庭坚 书

3. 从传统技艺转变为多味融合

随着经济社会的发展，人流、物流、商流迅速增长，餐饮业竞争越来越激烈。从 20 世纪 90 年代初开始，赣菜餐饮开始在生存中不断探索创新，吸纳外来菜系的优势特色、饮食文化、营销策略，开发出更多调味的技法、技巧和新型口味，在注重不失传统特色的基础上，一改过去菜肴中的偏咸、尖辣、重色、多油、浓芡的特点，更加注重突出菜肴的本味和复合美味，朝着符合现代餐饮消费潮流、符合人们消费需求、适合本地风俗习惯的口味发展，进一步丰富了赣菜的内涵，提升了赣菜的档次。

4. 从零碎传承走向系统集成

赣菜的概念提出较晚，直到 1983 年赣菜进京会演后才称江西菜为赣菜。但经过多年的发展，在广大赣菜师傅的努力下，赣菜形成了众多菜品和独特的风格。赣菜介绍最早见于清代袁枚的《随园食单》，其中记载了江西名菜"粉蒸肉"。1980 年，南昌市饮食服务公司出版了《南昌菜谱》，赣菜第一次有了系统归纳。1986 年，江西省商务厅编写了《江西名菜谱》，收录了 209 道名菜。2006 年，江西省烹饪协会出版了《中国赣菜》一书，选入 461 道菜点，对每一道菜的文化典故、原料选取、制作方法、菜品特点作了详细介绍，是目前关于赣菜的最具分量的作品之一。除此之外，赣菜师傅积极参加国际国内各类活动赛事，2003 年在南昌举办的第十三届中国厨师节期间，赣菜一举获得大会 288 个中国名菜名点、名宴金牌奖，得到了海内外烹饪大师的高度赞赏。2011 年，江西评选出"游客最喜欢的十大赣菜"。2020 年评选的"十大名菜""十大小吃"，进一步提升了赣菜的知名度。

近年来，赣菜餐饮规模不断扩大，品牌影响力逐步提升。2010 年"赣菜品牌四百工程"，培育与打造了一批具有鲜明地方特色的赣菜名菜、名点、名师、名店。"首届中国赣菜美食节暨第二届饶帮菜美食文化节""第二十届中国美食节暨第二届赣菜美食文化节"等系列赣菜宣传推广活动，进一步提升了赣菜在全国的知名度、美誉度和影响力。同时，企业"走出去"初见成效，多个赣菜品牌已经走出江西，开拓全国市场。同时江西米粉出口额和出口量居全国第二，南昌瓦罐汤也已走向海内外。2019 年，中国饭店协会和美团点评联合发布数字美食榜单，"消费者喜爱的前十大中国菜系榜单"中赣菜榜上有名。

海昏侯惊天问世

"城漫移昌邑，侯空据海昏。繁华都已矣，博陆可今存？"（黄正澄《慨口》）沧海桑田，人们不曾料到，在江西省南昌市新建区这块丰腴的土地中，安睡2000多年的南昌汉代海昏国遗址耀世而出，震惊了文物界，震惊了世人。这是中华人民共和国成立以来一项重大考古发现，带给江西人民一笔宝贵的历史文化财富，也让人们可以凭借这些考古发现和历史文献，进行一次精神穿越，从而触摸到这块古老大地的历史脉搏。

2011年3月23日夜晚，家住新建大塘坪乡观西村的村支书裘德杏又一次听到墎墩山西侧离他家约半里的地方有狗的异常叫声。在听老伴许雪英说近段时间一连数晚有人在墎墩山上挖着什么之后，裘德杏马上就想到了盗墓贼。第二天刚一天亮，裘德杏就带着熊菊生等几位村民在墎墩山的一个山包上，发现了一个新挖的大洞，以及大量的木炭、胶泥和锯断的椁板木头。他们及时到当地派出所报案，并给江西电视台新闻热线打了电话。

接到报案，江西省文物考古研究所的工作人员第一时间赶到案发现场，发现了一个长1.2米、宽0.6米、深14.8米的洞，外圆内方。考古所工作人员的第一感觉是：这是一个大型的土坑木撑墓，而且等级较高。于是连夜上报，引起了国家文物局、省文物局的高度关注，并批准江西省文物考古研究所从2011年4月开始对南昌汉代海昏侯国遗址方圆5平方千米区域进行全面考古调查和抢救发掘。历时5年，随着南昌西汉刘贺墓门的打开，人们得以窥见那悠久时光中曾经存在的海昏侯国，描绘出当年海昏侯国都城里曾经有过的欢笑、沮丧与悲伤……这是一项独一无二的考古发现，前所未有。

遗址的完整性居全国之首。遗址中以汉代紫金城为代表的海昏侯国都和以刘贺墓园为代表的墓葬区，是中国目前发现的面积最大、内涵最丰富的汉代侯国聚落遗址。墓园中以海昏侯和侯夫人、侯子墓为中心的祠堂、寝殿、厢房、门阙、墓园墙及道路和排水系统等多处地面建筑基址，构成了中国迄今发现的文物保存最好、布局最完整、拥有最完备祭祀体系的西汉列侯墓园。主墓内规模宏大的覆斗状封土、甲字形墓穴、回字形椁室以及回廊形藏阁内清晰的功能区划，是迄今中国发掘的结构最完整、功能布局最清晰的西汉列侯等级墓葬，呈现了中国汉代"事死如事生"的丧葬习俗。如此完整的王侯墓葬，2000多年来居然没有被盗墓贼毁坏，真是不幸中的万幸。据了解，考古工作者曾在发掘过程中发现两个盗洞。一个就是 2011 年被当地村民发现的这个深 14.8 米的盗洞。这个盗洞直通主椁室椁板的中心位置，离随葬品仅差 5 厘米。另一个在墓室的西北角，考古专家据洞内一盏五代时期的灯具判断其为五代时的盗洞。这个盗墓贼也没进入主椁室，仅仅损坏了几个漆箱。

文物的丰富性居全国之首。南昌汉代海昏侯国遗址已经出土了 2 万余件各种珍贵文物，特别是海昏侯刘贺墓及其车马坑出土的万余件

位于墓室中心的盗洞

金银车马器

文物，如百家锦衲，五色缤纷，光彩夺目。众多物品涵盖衣食住行、吃喝玩乐各个方面，形象地再现了西汉时期高等级贵族的豪奢生活，具有极高的历史文化和科学研究价值。那数以千计的竹简和近百版木牍，目前发现的最早翔实记录孔子生平和众弟子画像的穿衣镜，以及印有文字图案的漆笥、耳杯等，可谓无价之宝，极大地丰富了人们对汉代历史、文化、艺术和科技的认知；那制作精良、组合清晰的错金银编钟、铁制编磬，还有完整的琴、瑟、排箫、笙和众多的伎乐俑等，在中国考古史上第一次再现了西汉列侯的音乐雅好和用乐制度；那木

金饼

质彩绘的高等级安车、辂车和真马痕迹，以及偶乐车，鎏金错银、制作考究的盖弓帽、龙虎首轭饰等车具和衔镳、当卢等马具，真实体现了西汉列侯的车舆、出行制度；那精美绝伦的各色青铜器灯具、炉具、酒具、餐具，堆积如山的五铢钱，整盒整版的马蹄金、麟趾金、金饼、金板，以及巧夺天工的玉器、漆木器、陶器等，可谓金玉满堂、琳琅满目，折射出一个王朝的繁荣壮阔。仅金器一项，就超过了中华人民共和国成立以来考古发掘所有墓葬的总和，而这只是海昏侯墓众多珍贵文物的一部分。

时光已矣。当一轮明月清辉倾泻在鄱湖之滨这方富饶的土地上时，寂静中，鎏金车马的豪壮、笙箫编磬的凄美和汉代海昏侯刘贺的悲欢交集如在眼前。刘贺贵为皇胄帝孙，先当王，再做皇帝，随即被贬为平民，终为侯，直至抑郁而终。他跌宕起伏的人生经历，有待后人破解和总结。

5 岁封王。刘贺生于公元前 92 年，没有兄弟，只有 4 个姐妹。其父刘髆，在汉武帝刘彻的 6 个儿子中排行第五。公元前 97 年，刘髆受封昌邑王，昌邑国位于如今的山东省境内。然而公元前 91 年的"巫蛊之祸"意外地殃及了国家的权力核心，35 岁的太子刘据不堪忍受诬陷，愤而自尽。王储的空缺让封国异地的皇子们坐立不安，当时，刘髆的舅舅、贰师将军李广利在最后一次出征西域时，与他的亲家、时任朝廷丞相的刘屈氂合谋，欲立刘髆为太子。同盟败露后，刘屈氂被腰斩，李广利兵败后投降匈奴，宗族尽诛。所幸的是，汉武帝断定儿子刘髆没有参与这次阴谋，所以他没有受到牵连。但不到两年，公元前 88 年，刘髆便郁郁而终，死后谥号为"昌邑哀王"。1970 年，刘髆墓在山东巨野被发掘，主椁室亦未遭到破坏，大小文物不过 1056 件，可见其当时所处凄楚景况。刘髆死后，其 5 岁的独子刘贺成为第二代昌邑王。如果他能安分守己，理应一辈子享尽荣华富贵。

19 岁称帝。公元前 87 年，刘贺 6 岁时，汉武帝将皇位交予年仅 8 岁的幼子刘弗陵，史称汉昭帝。霍光受遗诏辅佐少主，此时的西汉"百

刘贺私印

姓充实，四夷宾服"，一切又回到了应有的秩序之中。公元前 74 年夏，21 岁的刘弗陵突然英年早逝，因为没有来得及留下后代，导致帝位空悬。而始终游离于权力之巅的武帝四子广陵王刘胥，从未停止过对帝位的觊觎。时值壮年的刘胥生猛孔武，显然非霍光的心头之好，议立新君之事持续月余不决。最后，他接纳废长立幼的建议，将刘髆的儿子刘贺过继给汉昭帝刘弗陵为嗣，并派人日夜兼程去山东召昌邑王刘贺来长安主持汉昭帝的葬礼，继而继承大统。接到朝廷"诏书"，刘贺喜出望外，带着 100 多位昌邑随臣，急奔长安。公元前 74 年 7 月 18 日，刘贺正式接过了象征至高皇权的传国玉玺和绥带，成为汉朝的第九位皇帝，抵达了他人生的巅峰，史称"汉废帝"。

在位 27 天。入主长安后，年轻气盛的刘贺，显然过高估计了"皇帝"的威严，大力改革，大肆赏赐昌邑旧臣，搅乱了朝廷。而对于太仆丞张敞、昌邑中尉王吉的劝谏，刘贺根本听不进去，依旧我行我素。于是，霍光策动群臣联名上奏皇太后废黜刘贺，为刘贺罗列了 1127 件"荒唐事"，平均每天大约 42 件。欲加之罪，何患无辞。在霍光的操纵下，他 16 岁的外孙女上官皇太后下旨废了在位 27 天的刘贺的帝位，尊立已被贬为"庶人"的戾太子刘据之孙刘病已（刘询）为皇帝，是为汉宣帝。刘贺被废，回到昌邑，从昌邑追随他赴长安的 100 余人，除龚遂、王吉、王式外，均遭杀害，昌邑国也遭废除改为山阳郡。此时的废帝刘贺已经没有了任何爵位与官衔，只是个有点特殊情况的庶民，被人称作"故昌邑王"，简称"故王"。只是昌邑王府的财产仍归刘贺所有，另被赐予汤沐邑二千户。从此，刘贺深居简出，生活在地方官员的监视之中。

29 岁为侯。公元前 68 年，霍光病死，汉宣帝终于得以亲政。但汉宣帝仍对刘贺心存顾虑，命大臣张敞暗中监视刘贺。公元前 63 年春，汉宣帝觉得刘贺已不足忌惮，便下诏封刘贺为海昏侯，食邑四千户。是年，刘贺 29 岁。海昏侯国在鄱阳湖西边的一片广袤土地上，因为水面的起落，鄱阳湖在历史上地理位置有较大变化。现经考古工作者的探索，历史的目光锁定了这片特殊的土地：方圆约 5 平方千米，背靠南昌九岭山脉和西山山脉，东临赣江，北依鄱阳湖，距南昌城约 60 千米。据史料记载以及考古发现，刘贺被封侯，带上家人，带上他的巨额财富和心爱之物，来到海昏，最初的落脚地应在如今的南昌市新建区昌邑乡。由于昌邑乡位于赣江下游，水患严重，匪患频繁，刘贺便另觅安身之所，最终将海昏侯国都城紫金城选定在如今的南昌市新建区铁河乡陶家村。这里虽经 2000 多年的风云变幻，犹能见到高达 3 米的土城墙。

33 岁郁郁而终。刘贺在豫章，衣食无忧。作为"天之所弃之人"，朝廷仍不放心，令扬州刺史和豫章太守等地方官员对他严密监视。祸从口出，有一天，豫章太守手下有个叫孙万世的小吏，试探着问刘贺："前见废时，何不坚守毋出宫，斩大将军，而听人夺玺绶乎？"刘贺则答曰："然。失之。"意思是说"是这样的，我失算了"。孙万世又安慰刘贺，大意是，"估计不久后你就不再是'侯'，应当会晋升为'豫章王'"。刘贺道："且然，非所宜言。"意思是"即将如此，但这话说不得"。明知不该说的话既已说出口，便是覆水难收。很快，这话传到了扬州刺史的耳朵里，他上奏朝廷，建议逮捕刘贺。汉宣帝分析刘贺已无能力造反，未允准逮捕刘贺，但削去了他的三千户食邑，只剩一千户，让其艰难度日，给予警示。此时满怀郁闷的刘贺，更是心灰意冷，感到绝望，常常在鄱阳湖上往返棹舟浮江，至赣水口愤恨感慨地大发牢骚，后人称此地为"慨口"。公元前 59 年，刘贺在极度郁闷悲愤中逝去，结束了自己大起大落的一生。

考古人员在刘贺墓中找到一块精致的虫珀，这本是很稀奇很难得

马蹄金

的宝物，因松脂滴中蝇虫，它终身受缚，经千万年自然演化才成珀，得以永恒。这似乎与刘贺的命运殊途同归。时隔2000多年之后，刘贺终有机会自己来讲述这段无声的历史。

刘贺虽然只活了短短的33年，但是他集帝、王、侯和平民四重身份于一身，在历史舞台上演绎了一场从轻狂放纵的青葱少年到攀上至尊帝位，从辉煌的巅峰走向愤慨早逝的传奇人生悲剧，其中许多历史细节不禁引人深思。

刘贺是史上在位时间最短的皇帝之一。他不是一个合格的皇帝，但也算不上是一个历史罪人，因为他既没有阴险狡诈地篡夺皇位，也没有足够的时间去祸国殃民。《汉书》没有将其列入皇帝本纪，但对他的故事有很多记载，让人唏嘘不已。历史往往是胜利者的清单，失败者刘贺确犯有许多错误，但目前在世上找不到他自己的文字辩解，真相或许已经湮灭于时间长河中。透过刘贺墓园的文物印记，去思考海昏侯的人生轨迹，人们不禁发出"千古悲催'帝王侯'"的慨叹。

文化江西的巅峰

江西在中国十大文化大省中排名第三，是因为它在中华文化的极盛时期——宋明时期取得了最高成就，一批文化巨人叱咤风云，为华夏文明的发展进程作出了无与伦比的贡献。

江西，春秋属吴地，战国属楚地，秦为九江郡，汉为豫章郡。汉代的豫章辖区与后来的江西省大致相当。历南北朝至唐代，江西人文一直在深蕴厚蓄之中。宋代以来，江西人文蔚起、名人辈出。

就文学而言，正如近代学者梁启超所说："中国里头四川和江西，向来是产生大文学家的所在。"从宋至明，江西文学如日中天，进入光辉灿烂的鼎盛时期，600余年内，处于全国领先地位，英才荟萃，名家辈出，如群星璀璨，光耀中华。

纵观宋明文坛，在作家数量上，江西籍的最多；从作家队伍素质上看，江西作家中既不乏众体皆备、声名显赫的大家巨擘，也不乏独擅一体、技压群芳的名家高手；从宋明文学的历程看，由首开风气到蔚为大观，由中兴再起到傲然殿后，皆有江西作家之卓著勋绩；从宋明文学诗、词、散文、戏曲四个主要领域看，江西作家都大有可书之笔。唐宋八大家有三家在江西，其中欧阳修列宋代六家之首，被尊为文坛领袖。王安石品高学博，不仅是历史上著名的改革家，而且是诗文大家。曾巩的散文，公认一流；黄庭坚开创"江西诗派"；杨万里创造诚斋诗体；"宋词四大开祖"，晏殊、晏几道父子居其二。"元诗四大家"中，江西有虞集、范梈、揭傒斯三家。明代汤显祖被誉为"东方的莎士比亚"，提出"情至说"，创作出"临川四梦"，特别是《牡丹亭》，被评价为描写爱情的千古绝唱，代表了中国古典戏剧的最高成就。此外还有千古忠臣文天祥、集中国古代典籍之大成的百科全书式类书《永乐大典》总编纂解缙等均是贤才大德。但总的来说，清代以后江西文学的影响不如宋明，江西文学的高峰渐次退潮。

就思想文化而言，宋元明三朝江西学者对中国思想文化的贡献，他省少见其比。以宋代而论，欧阳修直承韩愈，著《本论》发道学之端；刘敞经学独步一时。李觏著《周礼致太平论》于先，王安石得君行道于后。周敦颐长期在江西为官，晚年寓居九江，其学术流传自庐山濂溪而始。南宋朱熹依时而进，集历代学术思想之大成，形成的儒学思想文化的杰出代表——朱子理学，成为宋以后统治中国封建社会的主导意识形态。鹅湖之辩，陆九渊与朱熹二分天下。元代吴澄是一代思想大家。而明代江西思想学术之盛，人物之多，更超越宋代。明代吴与弼、胡居仁学术之精，举世公认。而王阳明倡"致良知"后，江右王门成为阳明学的主流。黄宗羲《明儒学案》里，王门学案部分江西独占9卷，人数达32人，浙中才占5卷，江西学术在全国的地位，由此可见一斑。

唐宋以来，江西佛、道繁荣发展，宗师辈出，宗派众多。江西是禅宗的定型之地。从净土宗慧远法师到青原行思、沩仰宗、曹洞宗和临济下杨岐、黄龙二系的列列龙象大德，可谓精光奇彩，美不胜收。

鹅湖之辩

纵观从行思、怀让到五宗并立的 200 年禅宗史，可以说禅宗的全部繁荣过程，其根源都离不开江西。作为宗派，洪州宗、沩仰宗、临济宗、曹洞宗、黄龙派、杨岐派，都有祖庭祖塔在江西。特别是禅宗发展史上的两大改革，"马祖建丛林，百丈立清规"，标志着佛教发展的"硬件"和"软件"建设都在江西完成。

江西是道教的发祥之地。江西道教源远流长，教派林立，高道辈出，影响很大，在中国道教之中占有重要地位，尤其是在江南占有主导地位。现存道教分为正一派与全真派两大派别。正一派之源即在江西龙虎山，此为世人所公认。从中国道教创始人张道陵在东汉永元二年（90）到江西龙虎山等地从事创教活动之后，江西有组织的道教开始发端，龙虎山遂成为道教发祥地。江西还有伶伦、葛玄、葛洪、净明宗许逊、麻姑寿仙等人的传说，他们修道炼丹、掷米成珠、救民水火、鸡犬升天的故事长久地被人津津乐道。在历代封建统治者的大力扶植和利用下，江西道教各门派不断得到发展，特别是在唐、宋、元、明时期达到了鼎盛。

在典章制度和科技务实层面，江西也作出了突出贡献。前者如马端临撰《文献通考》348卷，举凡田赋、盐铁、国用、选举、学校、职官、郊社、礼乐、名刑、经籍、封建、天文、物异、舆地、四夷等有关定国安邦之事，都一一通考，以备治国之用。后者如宋应星的《天工开物》，为知识技能之便利，是事关"利民用、厚民生"独树一帜的科技史书。

宋代以后，封建经济持续发展，活字印刷等发明极大推动了文化进步，知识分子的读书量超过唐以前的士大夫，政府也相应调整了文化管理政策。元朝建立了比任何朝代都要辽阔的疆域，加强了与亚、非、欧的交往，促进了国际文化交流。明朝采取休养生息政策，后期商品经济空前发展，开始出现资本主义萌芽，这些都为文化高峰时期的到来创造了条件。

为什么在这一重要时期，江西文化能够独领风骚、创造最高成就？江西文化发展有其历史源流。早在先秦时代，江西文化的传播及与全国先进地区的交流就已经展开。江西文化虽灿烂于宋明，但肇始于春秋。孔子的弟子澹台灭明当时就来到江西，在今进贤县的栖贤山设坛讲学，一时求学者络绎不绝，人满为患。东汉"下陈蕃之榻"的徐孺子，是豫章高士，名显一时。而东晋陶渊明，则是田园诗祖，他创造了人们心中的生活梦想——桃花源，成为中国古代文化的一座奇峰。唐代李白、白居易、王勃等人都对江西文化发展作出过巨大贡献。

江西宋明时期的文化繁荣得益于经济中心南移和政治中心东移。自南北朝开始，江南地区有了较快的发展。隋唐以后，包括江西在内的整个南方地区经济更是长足发展，全国经济中心出现南移。全国政治中心也逐渐向经济中心靠拢，逐步从关中地区东移到洛阳、开封、南京、杭州、北京等地，江西与政治中心的距离大大缩短。中原地区先后发生"五胡乱华"、"安史之乱"、宋金战争等三次大的长时期战乱，北方居民的大规模举族南迁，给江西带来了劳动力和先进的中原文化。到两宋时期，江西已经成为全国经济发展的先进地区，其人口之众、物产之丰，均名列前茅。宋徽宗崇宁元年（1102），全国在

桃源仙境图（局部）　仇英　绘

册户口数为2026万户，4532万口，其中江西地区为201万户，446万口，约占全国的十分之一，居各路之首。

江西这一时期的文化繁荣与这一历史时期江西交通的发展相关。当时由南海入中原的通道，即由大余梅岭而直下赣江水道的所谓使节之路，这一交通大动脉贯通后，触发了赣江流域的地气、人气和文气。随着国家的统一、社会的安定、经济的发展和交通的进步，江西得以用更快速度在更大的范围内与全国交流，众多的达官显要和文化名流频繁地进出江西，而江西学子们也纷纷走出江西，游学游宦，对促进江西文化发展和江西文人成长起到了十分积极的作用。

江西文化的繁荣，也与江西的风土人情、历史传统、教育环境相关。江西人历来崇尚耕读为本、诗书持家。政府设置学田，保障教育经费，"江右书院冠华夏"。教育的兴盛推动了科举的发达，江西进士占全国十分之一，宋代江西曾出现"隔河两宰相，五里三状元，一门九进士"的情形，明代更曾经"朝士半江西"。而古代众多的官员恰恰是文学大家的主力。

朱熹曾经论及江西人、江西文化，归纳为这样几点：第一是"志大"，即志向高远，有建立体系的气魄；第二是"耻与人同"，即江西的文化不喜欢依附他人，勇于建立有创新意义的新说；第三是"坚执"，即敢于坚持自己的学说，不轻易随时风而变，也不因有人批评而动摇；第四是"秀而能文"，就是文采飞扬，富于雄辩，文章出色。朱子所言，对今天江西的文化建设、对江西文化人的追求仍具有强大的激励作用。

赣鄱文化历史悠久、底蕴深厚。江西在宋明时期对中国文化发展的贡献是巨大的，江西文化名流巨擘的优秀成果不仅是中国古代文化的重要组成部分，更是江西现代文化的丰富源泉。

朱熹像

香港孔教学院
汤恩佳题

走遍江西 100 县

　　江西地处长江中下游交界处南岸，古称"吴头楚尾，粤户闽庭"。它东邻福建、浙江，南连广东，西毗湖南，北接湖北和安徽，全省面积 16.69 万平方千米。古人说，"读万卷书，行万里路"。深切了解一个地方，最好的方法莫过于亲身实地走一走、看一看。笔者到江西工作后，为尽快摸清旅游资源情况，用了一年的时间走遍了全省 100 个县。此后，又因工作需要，两次、三次到同一个县，最多的达 10 余次。随着对江西历史人文、自然资源了解逐步深入，笔者越来越感慨"物华天宝""人杰地灵"并非虚言，越来越惊叹造化神奇、风物独绝非此莫属，也越来越觉得江西发展旅游的条件得天独厚，江西旅游事业大有可为。

江西，是中华传统文化的引领之地。

　　说到走遍江西，不能不提起古已有之的"走江湖"，这里的"江"指的其实就是江西。据记载，唐宋之际，禅风日盛，尤以江西和湖南禅僧修为最高。禅门行者寻师参方，必来往于江西和湖南，否则不能得禅宗之要。掀开"走江湖"尘封的历史面纱，人们今天仿佛还能看到唐宋年间江西"万僧来朝"的盛景，感知江西多次在中国文化史上的引领地位。

　　儒释道三家是中国传统主流文化的主要组成部分，历史上三家相互融合、相互渗透，造就了中华文化的博大精深、源远流长。而自汉以后，尤其是唐宋时期，儒释道三家多次在此开宗立派，江西俨然成了当时社会的文化中心。论佛教，早在魏晋时期，江西庐山就成为南方佛学研究和活动的中心，东晋高僧慧远在东林寺结白莲社开创净土宗，佛教中国化进程在江西逐渐完成。唐代"马祖建丛林，百丈立清规"，让佛教能持续、稳定地发展。佛教禅宗"五家七宗"，其中三家五宗源于江西，并远播海外。近现代永修云居山影响广大，产生了多位一流高僧。论道教，其正一派天师道起源于江西龙虎山上清宫，以画符念咒、请神驱鬼为特色，持续传播于民间。元世祖命张天师"主领江南道教"，使之成为江南道教首领。论儒学，宋代江西，大哲继起，理学肇兴，以理学昌明为标志的儒家思想哲学化进程在江西完成。婺源人朱熹、金溪人陆九渊为理学双峰，他们的鹅湖之辩，首创学术自由争辩之风，产生了深远的历史影响。与此相关联，江西古代书院蓬勃发展，历代书院数量位居华夏之冠。白鹿洞书院名列中国四大书院之首。

江西，是华夏名贤的荟萃之地。

"区区彼江西，所产多材贤。"历史上江西人才辈出、群星璀璨。晋代陶渊明一改玄学清谈文风，寄情田园景物，被尊为"古今隐逸诗人之宗"、田园诗之祖。唐宋八大家有三家在江西，其中欧阳修列宋代六家之首，是"天下翕然师尊之"的文坛领袖。北宋王安石品高学博，坚持政治改革，被列宁称为"中国11世纪的改革家"。黄庭坚开创"江西诗派"，其书法成就更是令人高山仰止，书法《砥柱铭》卷曾创中国艺术品拍卖价世界纪录，总成交价达4.368亿元。明代汤显祖被誉为"东方的莎士比亚"，他创作的"临川四梦"代表了中国古典戏剧的最高成就。此外还有千古忠臣文天祥、《永乐大典》总编纂解缙、一代画圣八大山人和科学家宋应星等，这些江西先贤均是名家巨擘、贤才大德。德安义门陈累世义聚300余年不分家，是中国空想社会主义的实践先驱，比英国思想家莫尔提出的"乌托邦"设想还早600多年。据统计，自唐至清，江西有进士1.05万人，占全国的10.67%；

弋阳腔《牡丹亭·游园》剧照

文科鼎甲（状元、榜眼、探花）107人，其中状元48人。江西籍历代宰辅100余人。江西实际上成为宋明两朝中央政府的主要人才库。此外，江西还吸引许多外地文化名人辐辏而至，在此成就功业，留下千古名篇。理学先驱周敦颐、宋明心学集大成者王阳明一生主要活动和重要思想形成均在江西；南昌滕王阁，王勃惊叹"落霞与孤鹜齐飞，秋水共长天一色"；赣州郁孤台，辛弃疾写下"青山遮不住，毕竟东流去"；庐山，李白吟"飞流直下三千尺，疑是银河落九天"，苏轼感"不识庐山真面目，只缘身在此山中"。

江西，是民族艺术的扛鼎之地。

瓷艺方面，江西素有"瓷国明珠"之誉，古窑址、古陶瓷遍及全省。景德镇瓷以"白如玉、明如镜、薄如纸、声如磬"蜚声四海，景德镇享有"千年瓷都"的美誉。戏曲方面，元末明初产生于弋阳的南戏"弋阳腔"是中国高腔戏曲的鼻祖，位居中国四大声腔之首，对京剧、川剧等44个剧种的形成产生了巨大影响。江西的采茶戏同样闻名遐迩。舞蹈方面，江西是中国古代舞蹈艺术活化石——傩舞的发祥地之一，萍乡、南丰、临川、乐安、宜黄、万载、德安傩尤为突出。建筑方面，书写半部中国古建史的永修八代"样式雷"是创造世界文化遗产最多的家族。

江西，是中国工农业生产的滥觞之地。

　　江西以水稻为核心的农耕文明已有1万多年历史。万年县仙人洞、吊桶环两处遗址发现的1.2万年前的栽培水稻植硅石，实际解决了水稻从野生到人类种植的转变，把世界栽培水稻的历史前推了5000年，成为现今世界上年代最早的水稻栽培稻遗存。铜开采和冶炼是中国工业的最早表现之一。瑞昌市铜岭铜矿采冶遗址距今约3300年，是中国发现的矿冶遗址中年代最早、保存最完整、内涵最丰富的一处大型铜矿遗存，也是迄今发现的最早用木支护技术采矿的遗址。新干大洋洲商代大墓，出土青铜器数量之多、造型之美、铸式之精，为中国东南地区所仅见，与殷墟青铜器群、广汉三星堆青铜器群并称为中国青

德兴铜矿

铜文明的三大发现。到现在，江西仍然保持着粮食生产和铜工业的领先地位，江西铜业集团公司是中国最大的铜产品生产基地，德兴铜矿是亚洲最大的露天铜矿之一。

清代以后，江西的地位逐渐下降。

一方面因为海洋文明的兴起，江西失去了交通要冲之利，偏离了政治经济中心；另一方面因为数次大的战争，尤其是太平军与清军在江西激战经年，江西饱受摧残，耗尽实力。江西在土地革命战争期间经历多次军事"围剿"，抗日战争全面爆发后又遭遇侵略屠杀，因此人口锐减，元气大伤。但与此同时，江西人民在中国共产党的领导下，再一次挺立潮头，开创了中国社会发展的新纪元，成为著名的"红色摇篮"，为民族独立以及中华民族的伟大复兴，作出了不可磨灭的贡献。

　　穿行在江西省域，从南至北，从东到西，一个个地名，一串串光辉的足迹，见证着中国共产党的光辉历程。

　　井冈山，毛泽东曾在此创建第一个农村革命根据地，中国革命由此走上农村包围城市、武装夺取政权的正确道路。南昌，1927 年 8 月 1 日周恩来等在此领导发动起义，中国共产党独立领导的人民军队由此诞生。瑞金，是中华苏维埃共和国临时中央政府所在地。

井冈山会师　林岗　绘

安源，毛泽东、刘少奇、李立三等在此领导和指挥了著名的安源路矿工人大罢工，这里成为中国工人运动的摇篮。1978 年的中共十一届三中全会吹响了中国改革开放的时代号角，这一切最早发源于江西一条平凡的小道。1969 年 10 月至 1973 年 2 月，邓小平和夫人卓琳被"疏散"到位于南昌的新建县拖拉机配件修造厂劳动。从他们的住地到工厂有一条长满杂草的田间小道，这条小路就是著名的"小平小道"。邓小平每天往返于这条小路上，他观察着、思考着、等待着，用自己坚实而稳健的步伐走出了一条解放思想、实事求是、改革开放的大道。

"问渠那得清如许，为有源头活水来。"回头仔细审视养育着世世代代江西人的沃土，这里是三面环山向北开口的马蹄形地形，地势南高北低。这里四季分明，雨水充沛，光照充足，基本没有大的自然灾害。这里大江与大湖襟连，绿水与青山相伴，市市有名山大川，县县有旅游景点，山河竞秀，如诗如歌，不能不令人感叹大自然对这方生灵的特别眷顾。

山，雄奇险秀，鬼斧神工。

　　庐山、井冈山、三清山、龙虎山各具特色，早已名闻天下。云中草原武功山，在其海拔 1600 米以上的山脊线两侧，密布着 10 万亩连绵不绝"春夏绿油油、秋天金灿灿、冬天白皑皑"的云中草原，随山势起伏画出优美曲线，美不胜收。千峰之首黄岗山，雄踞东南之巅，

奇峰险壑、山花古树、飞鸟走兽、流泉飞瀑让人目不暇接，迷人的月亮、壮美的日出、奇幻的云海、宏伟的峡谷、古朴的关隘更让人惊艳不已。月亮之都明月山，情月相融、泉月相映、禅月相通、农月相趣，其浪漫多姿的月亮情之旅给人以无限遐想。还有龟峰、三百山、大茅山、大觉山、灵山、汉仙岩、铜钹山等，精彩纷呈，令人流连忘返。

明月山云海　聂靖生　摄

水，苍茫浩淼，千回百转。

　　长江从江西北部贴境而过，留下152千米黄金岸线。无数条清泉小溪，汇成2400多条河流，流入赣江、抚河、信江、修河、饶河等主要河道，最后向北注入鄱阳湖，形成了中国第一大淡水湖。鄱阳湖以丰富的鱼虾、无污染的水质吸引着包括白鹤、东方白鹳、天鹅等在内的世界大批珍禽到此过冬，"飞时遮尽云和月，落时不见湖边草"。石钟山、鞋山、落星墩、吴城古镇、南矶山、鄱阳湖国家湿地公园、老爷庙等众多景点散布在鄱阳湖湖心、湖岸，似颗颗明珠，点缀其间。九江庐山西海，碧波

万顷，分布着1600多座大小不一、形态各异的岛屿；新余仙女湖，《搜神记》记述了这里"仙女下凡"的美好传说，风光绮丽，景色迷人；上犹陡水湖深邃清澈，四岸青峰绵延，群峦拱翠。还有大余丫山瀑布群、三百山东江第一瀑、庐山三叠泉、井冈山水口彩虹瀑等飞流直下，似银河跌落人间。此外，江西温泉遍布，不仅数量多、流量大，而且品质高。全省已发现100多处天然出露的温泉，宜春温汤富硒温泉是中国目前发现的少数可与法国埃克斯温泉相媲美的优质温泉之一，庐山富氡温泉素有"江南第一温泉"之美誉，樟树盐温泉能使人不泳而浮，美容功效独具特色。

鄱湖候鸟

山连水，水连山，山水相连，相得益彰，造就了江西一流的生态、一流的水质、一流的空气。

　　全省森林覆盖率达 63.35%，境内主要河流监测断面Ⅰ—Ⅲ类水质常年保持在 80% 以上，11 个设区市城市空气质量达到国家二级标准。更有崇义阳岭，空气负离子含量平均值高达每立方厘米 9.2 万个单位，最高处为每立方厘米 19.2 万个单位，被上海大世界吉尼斯总部评为"空气负离子浓度值最高风景旅游区"，是名副其实的大氧吧。

城市，或日新月异，或韵味绵长。

具有 2200 多年历史的省会城市南昌，一城香樟半城湖，既是享誉中外的英雄城，又是环境优美的中国水都，开放大气，诚信图强。九江，集名江、名湖、名山、名城于一身，融生态与人文于一体，妩媚多姿，和谐自然。江南宋城赣州，控五岭之要冲，扼粤闽之咽喉，曾是海上丝绸之路与中国贯通的枢纽。吉安之庐陵故郡、抚州之才子故里、上饶之四省通衢、宜春之名山胜迹、景德镇之御窑瓷都、鹰潭之道教祖庭、新余之九天瑶池、萍乡之萍水相逢，城城天生丽质，竞写辉煌。

南昌八一起义纪念馆

乡村，或田园如画，或古色古香。

中国最美乡村婺源，绿水青山，鲜花烂漫，优美的田园风光，间以粉墙黛瓦、翘角飞檐的古建筑群和浓郁的乡风民情，"小桥流水人家"，恰似一幅幅绝美山水画。赣南客家围屋，高耸的炮楼、森冷的炮口、厚实的城墙，铭刻着历史的厚重和岁月的沧桑。吉安渼陂、钓源、燕坊、锦源、潭头古村，文物古迹随处可见，古风古韵自然流露，恬淡豁达，意蕴深远，俨然一部浓缩的古庐陵文化史。全国重点文物保护单位乐安流坑村，不仅有大片古老的樟树群，还有明清建筑和遗址260多处，祠堂50座，宫观庙宇8处，文馆、戏台各1座，古居之多，全国罕见。

毛泽东曾在江西写下诗句："踏遍青山人未老，风景这边独好。"述说历史辉煌不为炫耀或掩饰，展示山光水色亦非抱残守缺。保护好、开发好、永续利用好大自然和前人留下的宝贵财富，加快发展旅游产业，是当代江西人的历史责任，是人与自然和谐发展的美好方式，也是"绿水青山就是金山银山"的完美体现。

抚州市乐安流坑村

108

璀璨明珠

唱响"江西风景独好"品牌

江西旅游的"密码"

庐山天下悠

三清天下秀

千峰之首黄岗山

问道"婺源黄"

江湖奇峰石钟山

望仙峡谷　飞瀑崖居

人间仙境葛仙村

唱响"江西风景独好"品牌

"江西风景独好"是作为江西旅游形象宣传口号提出来的，主要目的是在全国乃至全球凝聚江西旅游特色、展现江西旅游优势、塑造江西旅游品牌、提升江西旅游形象。在第二届中国文化旅游品牌建设与发展峰会上，这一口号获评"影响世界的中国文化旅游口号"。

一、"江西风景独好"的由来

2011年，为了提高江西旅游在全国的知名度，吸引各地游客，江西决定在中央电视台播出一部旅游宣传片。根据文字简练、特色鲜明、朗朗上口、底蕴厚重、便于记忆的原则，经听取多方意见并再三斟酌，江西提出了"江西风景独好"这一旅游形象宣传口号。最初央视的评审专家不同意，认为宣传广告不能有排他性。难道只有江西的风景独好而别处的不好？江西方面答辩主要有两方面的理由：一是"独好"不是说只有江西好，别的地方不好，而是每个地方的风景都有自己的好，江西的风景也具有自身的独特优势；二是毛泽东走遍了中国的山山水水，只有1934年在江西会昌写下了"踏遍青山人未老，风景这边独好"，所以江西人对这一表述有优先使用权。最后建议这句口号在央视先试播1个月，假如有人提出异议并且确有道理，再进行调换。现在看，"江西风景独好"在央视播出10余年了，还没有哪个地方提出反对意见，说明这句旅游口号已逐渐为方方面面所接受、所认可。

二、"江西风景独好"的主要内容

之所以敢于喊出"江西风景独好"的口号，是因为江西确有独特的好，具备江西特色、江西风格、江西气派。从江西的自然条件、生态环境、人文资源和历史积淀来分析,"江西风景独好"名副其实,主要体现在以下八个方面。

1.地理区位,四通八达

江西土地总面积 16.69 万平方千米,人口 4500 余万。省境三面环山,东部是赣浙、赣皖之间的怀玉山和赣闽之间的武夷山;南部为赣粤之间的南岭山脉分支大庾岭、九连山;西部为赣湘、赣鄂之间的罗霄山脉、幕阜山和九岭山;北部则临长江、鄱阳湖及滨湖平原,地势南高北低,形成一个向北开口的巨大盆地。从地理区位看,江西地处长江中下游交界处的南岸,古有"吴头楚尾,粤户闽庭"之称,是唯一与全国最发达的三个地区,即长江三角洲、珠江三角洲及闽东南三角区同时相邻的省份,也是国家正在强力推进的长江经济带及长江中游城市群的重要组成部分,是所谓"中三角"的中心地带。全省交通便利,承东启西、连南接北,区位优势十分突出。公路方面,"三纵四横"高速公路主骨架全面建成,通车总里程达 6742 千米,实现"县县通高速"。铁路方面,运营里程超过 5000 千米,高速铁路从无到有,超过 2300 千米,位居全国第 6 位,江西还成为全国首

个市市开通时速 350 千米高铁的省份。南昌到杭州 2 个小时，到武汉、长沙 1.5 个小时，到上海 3 个小时，到北京 6 个小时，到香港 5 小时的快捷铁路通道已基本形成，并由此联通全国。城市轨道交通也已全面贯通，发挥重要作用。民航方面，江西航空公司已成立运营。全省加快形成"一干九支"机场布局，积极适应国家低空空域开放趋势，增加建设龙南、南丰等一批通用机场。全省包括高速公路、高铁、空港、水运等在内的综合交通枢纽体系正在形成，逐步构建起了对接"一带一路"和长江经济带的战略大通道。

2. 生态环境，全国一流

江西拥有一流的生态环境。2016 年 8 月，江西被列为首批国家生态文明示范区，探索形成可在全国复制推广的成功经验，是全国仅有的 3 个省份之一。全省有丰富的动植物资源，森林覆盖率高达63.35%，位居全国前列。江西已知有高等植物 6337 种。其中，苔藓类植物 1141 种，石松类和蕨类植物 488 种，裸子植物 36 种，被子植物 4672 种。列入《国家重点保护野生植物名录》的有 78 种。江西已知野生脊椎动物 1007 种。其中，哺乳类 105 种，约占全国的 16%；鸟类 580 种，约占全国的 40%；爬行类 77 种，约占全国的 20%；两

永武高速南山大桥

栖类 40 种，约占全国的 14%；鱼类 205 种，约占全国的 5.9%。全省四季分明，气候湿润，雨水充沛，光照充足。境内江河湖泊星罗棋布，有大小天然湖泊 400 多个，河流 2400 多条，人均拥有水量 4100 多立方米。主要河流湖泊水质优良，赣江、抚河、信江、饶河、修河等"五河"及东江源头保护区内监测断面保持在二类水质，城市集中饮用水源地水质达标率 100%。江西还拥有甘甜的空气，在每立方厘米空气中，负氧离子含量年平均值达 1070 个，超过世界卫生组织规定的清洁空气标准。崇义阳岭最高含量更是达每立方厘米空气 19.2 万个，被吉尼斯认定为世界空气负离子浓度值最高风景旅游区。11 个设区市城市环境空气质量均达到二级。同时，全省有湿地面积 365.17 万公顷，占土地面积的 21.87%，其中绝大部分是天然湿地。已建立自然保护区 188 个，其中国家级自然保护区 13 个。

3. 风景名胜，遍布赣鄱

江西省市市有名山大川、县县有旅游景点，旅游资源种类多、品位高、潜力大。江西拥有国家旅游资源标准分类八大类 155 种基本景观中的 153 种，有世界遗产地 6 处，世界地质公园 4 处，A 级旅游景区 379 处（其中 4A 级景区 140 处，5A 级景区 11 处），国家级风景名胜区 14 处，综合评价位居全国前列。江西的红色旅游资源、绿色山水资源、古色历史文化资源交相辉映。云中草原武功山，是中国在 1600 多米的高山上有着 10 万亩连绵不绝大草原的唯一名山。千峰之首黄岗山，被称为天宫庭院，迷人的月亮、壮美的日出、奇幻的云海、宏伟的峡谷、古朴的关隘让人惊羡不已。更不必说月亮之都明月山、江湖奇峰石钟山、东江源头三百山、森林泉瀑大茅山、峡谷漂流大觉山、奇石海洋灵山、康养福地丫山、汉仙岩、铜钹山、五府山

庐山西海

及庐山西海、仙女湖、阳明湖等山水，龙南围屋及流坑、渼陂、钓源、燕坊、锦源、潭头等历史文化名镇名村无一不令人流连忘返。樟树古海盐温泉、明月山高山观光小火车、篁岭、中华贤母园、海昏侯遗址公园、羊狮慕等一批新型旅游项目也开始投入市场。在首届"最美中国符号"品牌榜中，江西省武宁县、婺源景区、婺源篁岭景区及龟峰、三清山景区上榜，占全部获奖单位数的1/3。

4. 历史悠久，人文鼎盛

江西历史悠久，早在1万多年以前的新石器时代晚期，万年仙人洞的江西先民就将野生谷物转变为人工水稻栽培，开启了人类的农耕文明。商周时期，新干大洋洲大量使用青铜礼器、兵器，当时就有了不逊于中原的青铜文明。从六朝开朝，江西逐渐成为国家粮食基地。相应地，文化教育也不断扩展开来，出现了一代又一代的文学大家和豪华文人阵容，频呈人文鼎盛、人才辈出之势。晋代大诗人陶渊明被尊为"古今隐逸诗人之宗"、田园诗之祖。唐宋八大家中欧、王、曾都是江西人。其中欧阳修列宋代六家之首，被尊为文坛领袖。王安石品高学博，坚持政治改革，被列宁称为"中国 11 世纪的改革家"。曾巩诗文成就斐然，为后世师范。更有黄庭坚开创"江西诗派"，杨万里创造诚斋诗体。"宋词四大开祖"，晏殊、晏几道父子即占二席。"元

诗四大家"中，江西有虞集、范梈、揭傒斯三家。明代汤显祖被誉为"东方的莎士比亚"，提出"情至说"，创作出"临川四梦"，特别是《牡丹亭》，被评价为描写爱情的千古绝唱，代表了中国古典戏剧的最高成就。此外还有千古忠臣文天祥、中国古代"百科全书"《永乐大典》总编纂解缙、画坛一代宗师八大山人等均是贤才大德。一些文学巨匠，如王勃、李白、白居易、苏轼、辛弃疾也在江西留下了千古流芳的诗文。

5. 教育科技，光耀华夏

自古以来，江西就十分重视教育。春秋时期，孔子的弟子澹台灭

明来到江西，在今进贤县的栖贤山设坛讲学，一时求学者络绎不绝，门庭若市。东晋时期，庐山成为南方著名的讲学中心，唐以后又置中央直辖的"庐山国学"。到了宋代，在中央政府重文政策的鼓励下，江西教育空前发达，学校如雨后春笋，政府设置学田，保证教育经费来源。各地更常见地方绅众辟馆延师，兴办私学。众多士人学者，行端学博，名重一时，皆归乡授徒。"江右书院冠华夏。"江西是古代书院的起源地，历代书院有近2000所，无论数量、质量，还是规模、影响，均居全国前列。桂岩书院、东佳书院、白鹿洞书院、鹅湖书院、白鹭洲书院、怀玉书院、象山书院、信江书院、紫阳书院和豫章书院

杏园雅集图 谢环 绘

等，均在中国书院史上占有重要地位。书院的兴盛推动了科举的发达。自唐至清，江西考中进士的人数约为1.05万人，占全国的10.67%，其中文科状元48人。江西人任宰相的28位，任副宰相的62位，传记见于二十四史者达500余人。明代江西人常常是一科包揽一甲，或是占据前十名的大多数。明建文二年（1400）和永乐二年（1404）连续两科的三鼎甲均被吉安一府夺得，在中国科举史上空前绝后。当时江西是中央政府的主要人才库，有"朝士半江西"的说法。

江西人不仅会读诗书，而且为学多样，在工业、农业、建筑等科

学技术方面也取得了突出的成绩。宋元德兴张氏家族将胆水浸铜技术大规模用于生产。明代宋应星著《天工开物》，成为中国科学的巨匠。从汉代开始，江西就是全国重要的造船基地，参与建造郑和下西洋的宝船。建于北宋的赣州福寿沟，历经千年风雨，至今仍畅通完好。永修雷氏世代为清廷皇家建筑设计师，"样式雷"名扬中外。

6. 儒释道学，博大精深

儒释道三家是中国传统主流文化的主要组成部分，历史上三家相互融合、相互渗透，造就了中华文化的博大精深。江西自汉以后，尤其是唐宋时期，儒释道三家多次在此开宗立派，这里成为儒学的中兴之地、禅宗的定型之地、道教的发祥之地。从儒学来说，宋明时期，儒学在江西开始了融合创造的过程。此时江西大哲继起，理学肇兴，儒家思想哲学化进程得以完成。婺源人朱熹是中国历史上继孔子之后最伟大的思想家、哲学家和教育家。他集历代学术思想之大成，形成儒学思想文化的杰出代表——朱子理学，受到朝廷的推崇，被钦定为官方的正统哲学思想，成为中国宋末至清末600余年间一直处于统治地位的思想理论。从佛教来说，东汉末年佛教传入江西，到魏晋、南北朝时期已经有了较大发展，庐山逐渐成了南方佛学研究和活动的中心。东晋高僧慧远在此创建东林寺，结成白莲社，开创了中国佛教弥陀净土信仰。到唐代时，江西佛教已达极盛，所以才有"求官到长安，求佛到江西"的说法。特别值得提出的是，作为最具中国特色，也是中国最大的佛教宗派的禅宗，其兴盛发展与江西密不可分。中国禅宗初祖为菩提达摩，历经五代至六祖慧能之后"一花开五叶"，进入了"分灯禅"时代，开衍出了沩仰、临济、曹洞、云门、法眼五大宗派。其中沩仰、临济、曹洞三宗，以及从临济分出的黄龙、杨岐两派都是直接在江西开宗立派的，即使如云门宗、法眼宗，追根溯源也是出自禅宗七祖青原行思的法系。六祖慧能的再传弟子马祖道一长期在江西弘法，最后归葬于靖安宝峰寺。禅宗历史上最大的两次改革都是在江西完成的。正是自马祖道一及其弟子百丈怀海建立了属于自己的寺院体系和禅门规式，也就是通常说的"马祖建丛林，百丈立清规"，从硬件和软件方面确保了佛教的庄严性、崇高性、权威性，使其能够持续、稳定地发展。从道教来说，教派林立，源远流长。汉代张道陵、张盛在鹰潭龙虎山开创天师道，这里成为道教祖庭。晋代许逊（许真君）是净明道祖师、治水专家，百姓建万寿宫祭祀他。明代时，江右商帮兴盛，每至一地，都不忘新建万寿宫作为江西会馆，使得万寿宫遍布全国乃至东南亚，几乎成了江西的象征。而这一座座已毁或至今仍然屹立的万寿宫，也昭示了江西商人曾经创造的辉煌。此外，江西还有开创于东吴时的清江灵宝派，奉葛玄为始祖，樟树阁皂山、铅山葛仙山和众人食用的葛根、葛粉、葛汁即为明证。

7. 民族技艺，独领风骚

陶瓷是中国文化的重要象征，江西素有"瓷国明珠"之誉，代表着中国制瓷艺术的最高水平。东晋至唐代，丰城洪州窑为全国六大青瓷名窑之一。两宋年间，吉安吉州窑是全国著名的两大名窑之一，其

虎溪三笑图 佚名 绘

木叶贴花工艺冠绝天下。晚唐时期，景德镇瓷业逐渐崛起；北宋时，宋真宗以年号"景德"赐名，此后景德镇瓷器之名益著，千年窑火盛烧不衰，赢得"瓷都"桂冠。同时，江西人对中国音乐的发展也作出了重要贡献。黄帝音乐大臣伶伦在南昌西山洪崖烧竹炼丹，发明了笛子。永新人大唐歌妃许合子被誉为"喉音妙绝，为天下第一"。中国古典民乐名曲《梅花三弄》《春江花月夜》在江西创作完成。宋以后，江西成为全国音乐发展中心，姜夔、周德清、燕公楠、朱权、魏良辅等的音乐理论被音乐界视为"圣典"。姜夔的《白石道人歌曲》是流传至今唯一一部带有曲谱的宋代歌集，唐玄宗创作、杨贵妃首演的《霓裳羽衣曲》因其重新发现并记录得以传世。周德清的《中原音韵》是"中国国音之鼻祖"，成为当代推广普通话的基础。元末明初产生于弋阳的南戏"弋阳腔"是中国高腔戏曲的鼻祖，位居中国四大声腔之首，对京剧、川剧等44个剧种的形成产生了巨大影响。江西因盛产茶叶在清中期逐渐形成的采茶戏，乡土气息浓郁。民歌种类丰富，有号子、渔歌、山歌、小调、灯歌等，以兴国山歌最为著名。舞蹈有被称为"中国古代舞蹈活化石"的傩舞，南丰、萍乡傩舞尤为突出。绘画艺术独树一帜，南唐董源、巨然首创江南水墨山水画派。清初八大山人将大笔写意画推到新高度，成为一代画圣。书法以黄庭坚为最，他与苏轼、蔡襄、米芾并称"宋四家"，其书写的名帖《砥柱铭》卷创造的书法拍卖成交价的纪录4.368亿元，至今未被打破。

景德镇玲珑雕刻技艺　蔡涛　摄

中华苏维埃共和国临时中央政府大礼堂旧址（瑞金沙洲坝）

8. 红色基因，世代传承

20世纪以来，江西领红色文化之先，见证着中国共产党成长的光辉历程。这里举行了震惊全国的安源路矿工人大罢工，掀开了中国现代工人运动的大幕；打响了武装反抗国民党反动派的第一枪，建立了党领导的人民军队；秋收起义后，创建中国第一个农村革命根据地井冈山，开辟了农村包围城市、武装夺取政权的正确革命道路；成立了中国第一个全国性的工农民主政权，开展了一场治国理政的伟大实践，为后来建立的中华人民共和国进行了预演；二万五千里长征从这里出发，弋横起义、南方三年游击战争等中国革命重大事件都发生在这块土地上。江西也涌现了方志敏等一批杰出的革命家，江西儿女为中国革命的胜利作出巨大牺牲和重大贡献。据统计，江西籍有名有姓的烈士就有25万多人。江西也是开国将军最多的省份。今天，传承好红色基因和红色精神，仍然是中国共产党"不忘初心，继续前进"和不断开创事业发展新局面的强大"内驱力"和"软实力"。

除以上八个方面以外，江西还有很多值得骄傲和自豪的地方，比如地下处处有宝藏，100多种矿产遍布各地，其中铜、钨、银、钽、稀土、铀被誉为"六朵金花"，页岩气地质资源潜力达2.776万亿立方米，为全国页岩气储量大省。还有赣南脐橙、南丰蜜橘、泰和乌鸡、文港毛笔、瑞昌剪纸、婺源"三雕"等风物特产，以及莲花血鸭、庐山石鸡、南昌米粉、四星望月、永和豆腐等让人们食后口齿留香、流连忘返的赣派美食。

近年来，江西省已将"江西风景独好"作为江西全方位的形象定位，而不仅仅是作为旅游宣传口号。"江西风景独好"正化作江西的时代印记，深深地烙在人们的心中。

江西旅游的 "密码"

　　江西物华天宝、人杰地灵，既有秀美的山川，又有红色和古色文化资源，是一块自然天成与人文造化完美结合的旅游宝地。

　　江西旅游资源琳琅满目，大大小小的景点就有2000多个。2010年，编写《江西旅游画册》时，我们发现要把江西的旅游景区都编进去是不可能的，难以携带不说，就是入选的景区也得有个先后顺序。本着突出重点、体现特色、简单明了、便于记忆的原则，与红色摇篮、绿

色家园、古色厚土的旅游资源定位相对应，最终选出 17 个具有经典意义的景区列入画册的最前面。它们分别是：四大摇篮，即中国革命的摇篮井冈山、人民军队的摇篮南昌、共和国的摇篮瑞金、工人运动的摇篮安源；四大名山，即匡庐奇秀甲天下的庐山、养生福地井冈山、峰林奇观三清山、道教祖庭龙虎山；四个千年，即千年瓷都景德镇、千年名楼滕王阁、千年书院白鹿洞、千年古刹东林寺；六个"一"，

井冈山　万建明　摄

即一湖（鄱阳湖）、一村（婺源）、一海（庐山西海）、一峰（龟峰）、一道（小平小道）、一城（共青城）。这三个"四"和六个"一"用阿拉伯数字排列，可概括为"3461"。它们是江西旅游的代表。经过多种形式的传播，它们逐渐为人们所认可。有位旅游界的权威人士评论说，"3461"就是江西旅游的密码，这组密码是打开江西旅游百宝箱的神奇钥匙。

从红色看，四大摇篮是江西乃至中国革命的胜利源泉。

江西红色资源丰富，涌现的开国将军最多，红色基因浸透在江西人的血液和江西的山水之中。在井冈山，中国共产党人找到了中国革命的正确道路。毛泽东在这里领导创建了第一个农村革命根据地。习近平总书记在视察江西时指出，"井冈山是革命的山、战斗的山，也是英雄的山、光荣的山"。井冈山还是座养生的山，森林覆盖率达 81.2%，至今仍保留着大片人迹未至的原始森林。云海、杜鹃、瀑布、温泉，美不胜收。南昌，是"军旗升起的地方"。1927 年 8 月 1 日，周恩来等领导发动的南昌起义，打响了武装反抗国民党反动派的第一枪。中国共产党独立领导的人民军队由此诞生。开国十大元帅中，有 7 位元帅直接或间接参加了南昌起义。南昌被称为"英雄城"。2017 年是中国人民解放军建军 90 周年，史诗级电影巨献《建军大业》在南昌杀青。瑞金，中国共产党人在这里建立了第一个红色政权。1931 年，中华苏维埃共和国临时中央政府在瑞金宣告成立，中国共产党人在这里进行了 3 年的治国理政实践，为 1949 年建立的中华人民共和国进行了伟大的预演。安源，是中国共产党领导的工人运动策源地。毛泽东、刘少奇、李立三等在此领导和指挥了著名的安源路矿工人大罢工，开启了中国现代工人运动的大幕。在这里，共产党人建立了中国最早的产业工人党支部，并发行了共产党领导下的最早的股票和货币。

从绿色看，四大名山是美丽江西山水的经典之作。

江西三面环山，是山水旅游资源的富集地，自古有"六山一水二分田"之说。庐山、井冈山、三清山、龙虎山为江西山水的经典代表，人称"庐山天下悠、三清天下秀、龙虎天下绝"。庐山天下悠，在于历史悠久、景色悠然、生活悠闲。殷周之际，就有匡俗兄弟七人结庐于此，联合国教科文组织评价庐山为"中华文明发祥地之一"。庐山以雄、奇、险、秀闻名于世，众多文人墨客在此悠哉而居，如陶渊明隐逸于庐山下，写下"采菊东篱下，悠然见南山"。近代以来，建有近千栋别墅的牯岭一度成为南京国民政府的"夏都"。自 1959 年开始，中央三次在庐山召开重要会议。三清天下秀，在于奇峰俊秀、飞云叠秀、仙宫揽秀。三清山兼具泰山之雄伟、华山之险峻、峨眉之秀丽、黄山之奇绝，清静自得的文化景观与清绝尘嚣的自然景观和谐互补，体现了藏风聚水、天人合一的至高境界。龙虎天下绝，在于丹霞绝美、道宗绝圣、古越绝唱。其山虎踞龙盘，丹山碧水，是道教四大名山之一、道教正一派发祥地。张道陵在此地建教，并延续 1900 余年。施耐庵的《水浒传》以龙虎山开篇。山上有着古越族人独特的崖墓葬民俗文化，200 多座悬棺是如何吊至崖壁上的，至今仍是未解之谜。

从古色看，四个千年是江西辉煌文化精髓的代表。

江西在中国十大文化大省中排名第三，在中华文化的极盛时期取得了巅峰成就，为中华民族文明的发展作出了巨大贡献。景德镇御窑、滕王阁、白鹿洞书院、东林寺就是其典型代表。景德镇是闻名世界的千年瓷都。北宋时，宋真宗以年号"景德"赐名，此后景德镇瓷器之名益著，千年窑火盛烧不衰。滕王阁是江南三大名楼之首。无数文人墨客在滕王阁留下不朽文章，唐初王勃一篇《滕王阁序》气势磅礴，千古传诵，"落霞与孤鹜齐飞，秋水共长天一色"成为中华儿女心中的胜景，引无数风流人物追思遐想。白鹿洞书院名列中国四大书院之首。理学大师朱熹制定的《白鹿洞书院揭示》是中国古代"大学"最早的章程，成为后世书院遵行的准绳和法规。东林寺是佛教净土宗的发祥地。东晋高僧慧远在庐山下创建东林寺，

东林寺 徐志军 摄

结成白莲社，开创净土宗。他结合中国传统的灵魂不死思想，提出"形尽神不灭论"。佛教中国化进程在江西逐渐完成。

一湖（鄱阳湖）、一村（婺源）、一海（庐山西海）、一峰（龟峰）、一道（小平小道）、一城（共青城）是镶嵌在赣鄱大地上的璀璨明珠。

　　赣江、抚河、信江、饶河、修河，从南、东、西三个方向奔向鄱阳湖，所到之处，处处皆有美景，地地都有人文，停留驻足，心旷神怡。鄱阳湖是中国最大的淡水湖，冬日渐冷，候鸟南飞，白鹤、大雁等大批珍禽在此过冬。婺源是中国最美乡村，春来变暖，山花烂漫，小桥流水，

武功山

间以粉墙黛瓦、翘角飞檐的古建筑群和浓郁的乡风民情，是很多人的梦里老家。九江庐山西海，大小1600多座岛屿星罗棋布，夏季雨来，河湖丰盈，碧波万顷，湖边"稻花香里说丰年，听取蛙声一片"。龟峰，"无山不龟，无石不龟"，金秋丰收，菊黄蟹肥，"江上龟峰天下稀"。1978年党的十一届三中全会唱响了中国改革开放"春天的故事"，这一切最早发源于江西一条平凡的小道。1969年到1973年下放劳动期间，邓小平就是在这里思索国家的命运前途，最终带领中国人走上了改革开放的大道。共青城本是一片荒芜之地，数十年前，一群青年人在阴冷的冬天里，堆火取暖，开荒搭房，打造了羽绒服世界级品牌，并将共青城建成一座青年之城、创业之城。

"3461"是一组神奇的密码，为江西旅游的发展作出了积极贡献。每个第一次到江西旅游的人，都要先走这些地方。这些地方的旅游人次和旅游收入占到了全省的60%。要开创江西旅游新画卷，就要以"3461"所代表的17个景区为核心，以200多个A级景区为外围，努力将庐山、井冈山、三清山、龙虎山、婺源、景德镇等打造成为世界知名、国内一流的经典旅游景区，最终将江西全省真正建成一个"处处皆风景，处处可旅游"的全域旅游目的地。

庐山天下悠

庐山，又称匡庐，是世界文化遗产和世界地质公园，被联合国教科文组织评价为中华文明的发祥地，自古便有"匡庐奇秀甲天下"之称，更是享誉世界的"人文圣山"。

自古以来，庐山就是文化名人钟爱的隐居之地。庐山最早的隐士，可追溯到周武烈王时代的匡俗。他隐居庐山，"结庐而居"，悟道求仙，"庐山"因此得名。公元前126年，司马迁"南登庐山"并记之于《史记》，庐山自此名扬天下。

庐山，历史悠久，文化悠深，生活悠然。它是人文圣山，是东方净土，是康养胜地。

2016年2月，习近平总书记视察江西时说"庐山天下悠"。这里不仅历史悠久，人文厚重，儒、释、道三家在这里相互融合交流，而且生态优美，是举世公认的生物多样性宝库，与江河湖海襟连，中心地区的森林覆盖率超过90%。

庐山以雄、奇、险、秀著称，五老峰、三叠泉、锦绣谷、含鄱口等景点举世闻名。李白赞美说："予行天下，所览山水甚富，然俊伟诡特，鲜有能过之者，真天下之壮观也。"正因如此，历史上众多名人雅士登临庐山、安居庐山、研究庐山，其成果主要表现形式是诗歌。据统计，共有3500多位名人，写下了16000多首诗歌咏唱庐山。其中，

庐山

陶渊明的"采菊东篱下，悠然见南山"，李白的"飞流直下三千尺，疑是银河落九天"，白居易的"人间四月芳菲尽，山寺桃花始盛开"，苏轼的"不识庐山真面目，只缘身在此山中"，等等，都是冠绝古今、耳熟能详的诗句。

庐山的摩崖石刻有900余处，成为一本流传百世的珍贵史书。"第一山""花径""庐山高""枕流""龙虎岚庆"等，一方石刻，就是一个耐人寻味的故事。

近代以来，建有近千栋别墅的牯岭一度成为南京国民政府的"夏都"。1937年，蒋介石正是在庐山发表《抗战宣言》。毛泽东挚爱庐山，曾三次在庐山主持重要会议。1959年毛泽东第一次登庐山时所作七律《登庐山》揭示了中国翻天覆地的变化：

一山飞峙大江边，跃上葱茏四百旋。

冷眼向洋看世界，热风吹雨洒江天。

云横九派浮黄鹤，浪下三吴起白烟。

陶令不知何处去，桃花源里可耕田？

现在，庐山仍遗存有来自16个不同国家的建筑风格各异的别墅600余栋。一栋名人别墅，就是一本厚重的教科书。当年中外名人在这些别墅里的经历、故事，甚至是重大的历史事件，都已融入了庐山的旅游文化之中，让庐山更加成为寻幽探胜的好去处。

庐山清凉图　邹良村　绘

三清天下秀

　　江西风景独好，三清天下奇观。1636 年，徐霞客在《江右游日记》中写道："又十里，东津桥，石梁高跨溪上。其水自北南流，其山高耸若负扆，然在玉山县北三十里外。盖自草萍北度，即西峙此山，一名大岭，一名三清山。"徐霞客曾在玉山县的冰溪东津桥遥望三清山，他受阻于水势与道路，遗憾无法将自己的足迹印在三清山。试想，倘若徐霞客能登临三清山，那么在《徐霞客游记》里，或许会有三清山浓墨重彩的一笔。当年的徐霞客失去了一个登临的机会，世人真正认识三清山也推迟到 20 世纪 80 年代。"养在深闺人未识"的三清山，在改革开放的浪潮里，慢慢揭开了她那神秘而迷人的面纱。美国国家公园基金主席保罗先生称："三清山是世界上为数极少的精品，是全人类的瑰宝。"三清秀出，惊艳了时光，惊艳了世界。今日三清，名扬天下。

　　三清天下秀，秀在自然天成。

　　三清山是沧海桑田的见证，14 亿年的地质变迁里先后经受过三次大海侵，并有两次沉入海底达五六亿年。海底火山的作用和 1.5 亿年前侏罗纪晚期以及以后发生的喜马拉雅造山运动，使得山体不断抬高，断层密布，呈垂直状态的花岗岩体又长期受风化侵蚀，加上重力崩解作用，最终造就了今日三清山奇峰参天、幽谷千丈的山岳奇观。宏观的地貌演化系列是"峰峦—峰墙—峰丛—石林—峰柱—石锥"，再加上"岩壁、峰谷和造型石"九种地貌。三清山的花岗岩峰林微地貌形态类型完备，这九种地貌在三清山都有典型的展示。三清列座是峰峦，万笏朝天、九天长城是峰墙，天门众仙迎客是峰丛，三龙出海是峰林，玉灵石林是石林，巨蟒出山、观音赏曲是峰柱，神仙现指、蜗牛戏松就是石锥，并有西海大峡谷、三排尖崖壁和丰富的象形石，如老道拜月、猴王观宝，惟妙惟肖。在三清山核心景区就有奇峰48座，造型石89处，景物、景观384处，其中，东方女神和巨蟒出山两处已被收入吉尼斯世界纪录。因此，三清山被联合国专家评价为"西太平洋边缘最美的花岗岩"。

三清天下秀，秀在生态良好。

三清山是全球重要的"生物避难所"之一。在第四纪冰川期，全球气温普遍下降，大量植物遭到了毁灭性的破坏，三清山因为复杂的微地形地貌环境，成了许多古老植物的避难所，其中就有很多珍稀物种，像红豆杉、白豆杉、银杏、天女花等等。2008年三清山珍稀物种随"神七"实验舱升入太空。遨游过太空的三清山濒危植物种子被送到了中山大学生命科学院进行培育，成功后被移栽到三清山濒危植物园。三清山不仅是华东黄杉和南方铁杉的分布中心，还有连片数千亩

雾海巨蟒

三清女神

137

的高山杜鹃林。每年五六月时，十里杜鹃姹紫嫣红，分布于青山的苍松翠柏间，摇曳在云山雾海中，令人陶醉不已。无怪乎文学家秦牧称赞三清山是"云雾的家乡，松石的画廊"。

三清天下秀，秀在山水相依。

俯瞰三清，山临水而立，水绕山而行，山水共耀，蔚为壮观。高山孕育飞瀑，玉帘瀑布群就处于三清山石鼓岭的幽谷丛林中，是江西省七大最美瀑布群之一。她流入澄净浩瀚的三清湖，风情万种；八磜龙潭的瀑布群似巨龙跌宕跳跃，从西海岸一直奔腾到山下的八磜村，而后流入三清山的玉琊溪，清澈纯粹，如玉带缠绕于青山之间。三清山的两条溪流由小而大，是六百里信江的源头，一江春水，向西奔入浩瀚的鄱阳湖。

三清天下秀，秀在人文底蕴。

三清山有着历史久远、留存丰富的道教文化。三清山属怀玉山山

脉。因其玉京、玉华、玉虚三峰挺拔，如道教尊神玉清、上清、太清列坐其巅而得名。《明一统志》记载："三清山，在玉山县北一百里，与怀玉山并峙，有羽化坛，晋葛洪与德兴李尚书修炼处。山巅有老子宫，又有金沙水玉洞、灵济庙、罗汉洞，李尚书铁炉诸奇胜。"三清宫背倚九龙山，门朝北斗紫微星，就实而向虚，取其"常有观其徼，常无观其妙"之经义。三清山于明代由王氏后裔复建了三清宫，珍贵道教建筑与石刻雕像留存至今。别具匠心的三清宫道教古建筑就是以三清宫为中心，周围错落有致地分布着各种道教建筑，配合着地形藏巧于拙，构成了道教露天博物馆。三清山还有儒家文化的浸润熏陶，朱熹曾讲学于金刚峰下的怀玉书院，留有千古不朽的理学著作《玉山讲义》。三清山还是一个民俗文化大观园，闽南风情、畲家风俗等多种民俗文化在这里交融碰撞、交相辉映，各族人民在这里和谐共存、和睦共处。三清山更有红色文化的深厚土壤，方志敏曾在这里浴血奋战。如今，

三清山 舒剑 摄

三清宫雪韵　周茂树　摄

遍观三清，"到处都是活跃跃的创造，到处都是日新月异的进步"。

三清天下秀，最为秀美的风景还是人。

"我见青山多妩媚，料青山见我应如是。"三清山有一群聪颖智慧、勤于奋斗的三清人，他们一步一个脚印、一步一个台阶，创新发展，勇攀高峰：三清山1988年被列为国家级风景名胜区，1996年设立旅游经济开发区；2002年在西海之上凿石架阁开建栈道，成就3000余米的西海岸栈道；2008年成功申报世界自然遗产，此后又先后被评为国家5A级旅游景区、世界地质公园，成为国家绿色旅游示范基地之一，景区11项地方标准成为行业翘楚，为"江西风景独好"添彩。三清人深深认识到：旅游发展，不进则退。2018年玉帘瀑布、神仙谷两大景区横空出世，《天下三清》首演绽放视听盛宴，房车宿营地、畲村民宿秀美宜居，让游客在诗与远方里徜徉。三清山红茶、剪纸、石斛草等旅游商品推陈出新。这些都是三清人在新时代展现的新作为、交上的新答卷。

好风凭借力，送我上青云。习近平总书记视察江西时说"三清天下秀"。"秀"既有"美丽"之解，还有"出众"之意。历经千年积淀厚积薄发的三清山正在描绘美丽中国江西样本的新画卷，努力建设新时代全域旅游新标杆。

千峰之首黄岗山

　　知道黄岗山的人不多，到过黄岗山的人就更少了，这与它"千峰之首"的美誉颇不相称。

　　黄岗山，又名黄冈山，是武夷山脉的主峰，海拔 2160.8 米，因山顶生满萱草（俗称黄花菜），八九月花开时节，山冈遍染金色，蔚为壮观而得名。曾有诗赞武夷山曰："南北连粤浙，西东分赣闽，主峰黄岗山，势压大东南。"黄岗山雄踞东南之巅，不仅是江西省第一高峰，而且是中国华东六省一市地区的最高峰。奇峰险壑、山花古树、飞鸟走兽、流泉飞瀑让人目不暇接，迷人的月亮、壮美的日出、奇幻的云海、宏伟的峡谷、古朴的关隘更让人惊羡于她的绝美。

　　笔者曾到铅山县调研。因黄岗山距离县城大约 100 千米，当时决定连夜登山。从铅山县城乘车出发大约是晚上八点，约晚上十一点半来到江西武夷山自然保护区叶家厂管理站，凌晨三点半再踏登顶之路，清晨五点左右抵达山顶。上山的道路崎岖颠簸，夜间行车令人疲惫，但与在东南第一峰守望红日喷薄的期待相比，都可忽略不计。

　　黄岗山是登高望远的绝妙境地。山顶是一块约 1 平方千米的平坦草甸，枯黄的萱草半人多高，还未着绿，松软如毡。你或许曾见过塞外孤冷如钩的弯月，亦曾见过西湖皎洁如盘的满月，却可能从未见过黄岗山这样迷人的月亮，几乎不用抬头就能看到，仿佛一伸手就能轻触。她像母亲慈爱的目光，让你的心儿渐渐柔软；像情人晶莹润泽的脸颊，让你忍不住想要轻轻爱抚。淡淡的月光如烟似纱，远处的峰峦在云海中若隐若现，如真亦幻，像一座座岛屿在茫茫大海中游移，令人仿佛置身海上。山顶的最高点竖有江西省人民政府所立标志碑，其上"黄岗山"三字铁画银钩，苍劲有力。轻抚石碑，俯瞰云低雾绕、万峰匍匐，心中不由涌起万千气象，更是感叹黄岗山"千峰之首"之誉实至名归。

五点半，远处东方灰厚的云团后隐有微光艰难透出，云团上方的区域渐渐明亮，灰厚的云层慢慢映红，黑色、黑灰、灰色、灰蓝、暗红、橙色，由近及远，层层铺垫。略不经意，云层表面镀上了一条细长的红线，呈弓形缓慢拱起，一个半凝状、火红的小弹丸在云团中浮现，继而快速跃升，瞬间跳出云面，绚丽异常，让人无法直视。云海倏地染上绚丽的色彩，像花海，像锦绣，像流苏，云蒸霞蔚，妙不可言。月亮不愿离开她眷顾的生灵，抑或要欢迎太阳的到来。东升的太阳、西沉的月亮，这大自然看似不可调和的存在，在此相融，共成一景，一边七彩绚烂、豁然开朗，一边皎洁清冷、幽静神秘，斑驳的光影在山间游弋交错，神奇壮美。这日月同辉的景象令人惊奇。

黄岗山高山草甸

黄岗山顶赣闽之间的界碑

群山一下子苏醒了。绵连的群山，山体雄峻，平缓处错落有致，秀峰叠嶂；险峻地斧劈刀削，危崖突兀。山下水汽蒸腾翻涌而上，很快形成烟波浩渺的云海，一铺万顷，茫茫无涯。峰峦变得捉摸不定，虚实莫测，俨然一幅自然天成的泼墨山水。层簇的云团平静时如棉似絮，千姿百态，悠扬舒缓，一幅烟水迷离之景；转瞬间风起云涌，惊涛拍岸，势如万马奔腾，令人心惧。

　　与夜间上山相比，下山之路充满了乐趣。黄岗山从山顶到海拔 900 米处，依次分布着中山灌丛草甸、中山苔藓矮林、针叶林、针叶阔叶混交林、常绿落叶阔叶混交林、常绿阔叶林、毛竹林，是国内唯一可以在 1 小时内沿公路考察欣赏到的最典型、最复杂的植被垂直带谱。沿山路而下，看林木竞秀，颇有检阅三军的感觉。特殊的地理位置、山高谷深的复杂地形使得武夷山脉在地质史上未受到第四纪冰川直接侵袭，成为许多古老、孑遗生物的避难所和珍稀濒危物种的幸存地。这里分布着总面积达 6000 多亩的全球最大的南方铁杉原始林，仅见于此的柳杉天然林，林内百年以上树木比比皆是。有"中国王"之称的南方铁杉伫立在山路边已逾 600 年，挺拔有力，剑枝戟叶，俨如战士站岗放哨，又像千手观音守望你的到来。

　　驱车行驶在公路上，不时可以看到轻灵的鸟儿、活泼的松鼠、机警的野兔在丛林中觅食、嬉戏，增添了不少自然野趣。打开车窗，清冽的空气沁人肺腑，动听的鸟鸣扑耳而入，或清越，或含糊，或悠长，或短促，是绝妙的晨曲。有"鸟中熊猫"之称的黄腹角雉极其有趣，雄雉体形优美，羽色鲜艳，五彩斑斓，煞是好看，雌雉则体形较小。由于身体粗笨，不善飞翔，胆子很小，遇到危险时，它们不飞不跑，站在原地东张西望，直到敌人逼近，才"急中生智"一头扎进杂草丛中，身子却露在外面，好像鸵鸟一样，因此被当地人戏称为"呆鸡"。它们在这里首

黄岗山情侣瀑

次被发现并命名，良好的生态和淳朴的民风使它们经过 150 多年的自然繁衍，成为全球最大的黄腹角雉野生种群。

在黄岗山观赏瀑布无须艰苦跋涉，山腰转角处的"情侣瀑"就颇有特色。两道瀑布，左前方一道涓涓细流，犹抱琵琶半遮面，从幽林中流出，曲折蜿蜒，身姿曼妙，娇柔妩媚；右边一道要宽阔得多，奔涌而下，阳刚壮美，一往无前，胜在气势。它们犹如一对热恋的情侣，起初深情凝视，最后执手相奔，潭中激腾的白色水花分明是它们快乐的歌唱。但多不胜数的季节性瀑布、雨后性瀑布才真正体现黄岗山瀑布之美。雨后的黄岗山，仅西坡就有常见瀑布近 20 条，云际天边，彩虹之上，玉带飞悬。冬季，这些瀑布是另一天然绝景，于山间、陡崖、巨石等处形成的冰瀑、冰帘、冰挂，晶莹洁白，形态万千。

　　"情侣瀑"的不远处是观看断裂大峡谷的最佳地点。断裂大峡谷形成于中生代地壳运动，横跨闽赣两省，长达数百千米。驻足眺望，大峡谷如被一柄巨剑生生劈出，笔直伸向远方，极有气势。峡谷内沟壑深切，岩壁陡峭，险滩密布，林荫水覆。甘甜澈透的泉水泛着清幽的灵气，穿峡走谷，过滩呈白，遇潭现碧，时而舒缓，时而湍泻，其声如鼓如琴。

　　桐木关是武夷山八大雄关之一，凭吊自然必不可少。不算太高的关隘，青色的砖古朴厚重，其上有一座两层小楼台，依山而筑，居高凭险，无怪历朝历代皆为兵家必争之险。它的来历并无太多记载，相传为明英宗正统年间为守护边关而建，因其时当地出产桐油，道路两旁随处可见油桐树得名。立关北望，两侧高山耸峙入云，赣闽古道贯穿其间，只是曾经的"商贩盐挑来往之区（枢）"再也无法寻觅盐客踪迹，可凭吊的只有"勿许恃众闹事"的勒石告示了。

　　1999 年，武夷山作为世界文化和自然双遗产，正式被联合国教科文组织列入《世界遗产名录》。武夷山脉分布于福建省南平市武夷山市、江西省上饶市铅山县，黄岗山作为武夷山脉最高峰，巍峨耸立，直冲云霄，傲视群峰。现在，越来越多的游客来到这里，体验"千峰之首"的魅力，流连忘返。

问道"婺源黄"

有一种春天叫婺源。

问游客：为何春天来婺源？游客答：来看油菜花。每年3月上旬至4月中旬，特别是清明节前后，是婺源旅游的一个高潮。平常年份，一天有6万至7万游客。油菜花是一种普通的草本植物，别名芸薹，原产地在欧洲与中亚一带，在中国分布甚广。司空见惯的油菜花，全国到处都有，在江西几乎县县有，为什么非到婺源来看不可？她金黄的容貌、翠绿的衣裳里，到底藏着怎样的法术呢？

每年3月，很多人的"心理罗盘"就指向了婺源，情不自禁迈开脚步，顾不上路程远近和天气变化，到婺源近距离观察。春入婺源，七分酿成青翠，三分化作金黄。走进婺源，仿佛走进了久违的历史风尘里，似乎步入了舒展绵延的山水画卷中……她的美学既可以"望远镜式"在花海中环视，也可以"显微镜式"对准某一个局部，没有任何矫揉造作，一切都是浑然天成。

婺源春景

置身婺源旅游"成名曲"的江岭梯田花海间，但见古树、河流、村舍、梯田、花海、古道有机融合，粉墙黛瓦、桃红梨白，花团锦簇、草木扶疏，布局在绿水青山间"大珠小珠落玉盘"，不单调、不突兀，错落有致，相得益彰。江岭山底的水口村落，其聚族而居，取人与人和；其择山选水，取人与地和，构成了一幅经典水墨画。从山底往山中移目，徽派村落与梯田花海、蜿蜒古道和谐共生，更像是一幅多彩油画。从山中往山顶仰望，那天然阔叶林改变的天际线区域，分明是一件自然写生作品呢。江岭油菜花海，这一方不大的天地，以厚重的徽文化承载着农耕文明、村落景观、书画之道等，海纳百川，兼容并蓄，令人啧啧称奇。相比之下，有的油菜花海纵有梯田美景，但少了古村落点缀；有的油菜花海虽有村落镶嵌，但少了梯田装扮；有的油菜花海纵然排场很大，但少了农家民宿辅佐，缺乏人文慰藉。只有婺源油菜花，被命名为"婺源黄"，独树一帜。

"窗衔篁岭千叶匾，门聚幽篁万亩田。"与婺源江岭似乎孪生的篁岭，其梯田花海与晒秋人家隔流而居、遥相呼应，俯瞰就像太极图，将"万物负阴而抱阳，冲气以为和"的生活准则镌刻在山水间、天地里，实在高明精妙。是的，木雕大师虽然会将朱子文化有机融入雕梁画栋，促进文化"活态"传承，但是，真正强大的文化一直在山河大地之间，从未躲进高楼深院里。因此，婺源油菜花海的地域文化、鲜明特征，为婺源赢得了"婺源黄"之美誉；"婺源黄"的过人之处、制胜法宝，在于擅长把握整体，讲究"气韵生动"。至于每每将世人的目光全都吸聚了过来，旅游接待人次连年位居中国花海之首，也就理所当然、不足为奇了。

　　有人说，一个人总有多重身份。往往，隐秘的身份比外显的身份更有趣。婺源人朱熹，不仅是大学问家，"铸"得一手"金石有声"的书法，还是皇帝的老师、深受百姓爱戴的官员。看婺源油菜花，不仅是看一处封存了千百年的农耕标本，看一方活态了千百年的自然肌理，更是在细细品读她的"精气神"，分析她如何成为江西旅游的风向标。一个"婺"字，即"能文能武之美女"。婺源这个"出得厅堂、入得厨房"的面容姣好、蕙质兰心造就"婺源黄"的"婺女"，她到底是个什么样的高明角色呢？

　　这个"婺女"，她是位艺术家，是个能工巧匠，不仅温柔如水，而且刚硬似铁。她以中国"三大显学"之一的徽文化为笔，以返璞归真的自然山水为纸，能书善画，笔笔出奇。如果说凡·高的《向日葵》是留在画布上的印象派；那么"婺女"的《油菜花》则是印在山水间的写实派。"婺女"每年都会泼墨山水，她徜徉于梯田花海间，陶醉于自然生态里，妙笔一挥就是一个多月，大作频频，闪耀世界。在清华彩虹桥，她让"世界最美廊桥"作障景，让"国宝"作衬托，让"婺源黄"精彩得无与伦比。她的这种园林艺术，岂是凡人所能及乎？在浙源察关，她让"半规浮水半规沉"的石拱桥作镜框，定格"婺源黄"的水口风光；在浙源凤山，她让龙天塔作笔，让文物书写"婺源黄"

的锦绣华章……这样的"婺女"，孕育出朱熹、詹天佑、金庸等一大批文化名人，也就不足为奇了。

承载"婺源黄"的婺源梯田，既有大自然的鬼斧神工，更有"婺女"的巧夺天工。"婺女"根据山体的地理走势、构成物质、海拔高低等因素"随体赋形"，宜宽则宽、宜窄则窄，宜高则高、宜低则低，将一个个山体横截面幻化为一层层梯田。俯瞰婺源梯田，犹如仙女的丝带翩翩飞舞，有着"大地指纹"的感染力。"婺女"造梯田，除了观山形、察山势，顺应山、服从山，不与山争，还懂得听石语、考石理，驯顺石、利用石，与石为伍。那一丘丘梯田石磅，就是根据石头的大小、形状、材质等因素"就地取材"，砌筑的一堵堵固若金汤、大善大美的石墙。那些石头在钢钎铁锤的"千锤百炼"下，从"婺女"的"冤家"变成了"婺女"的"亲家"，安顿着油菜花黄，掀起着稻菽热浪，守护着鸟语花香……

远眺婺源梯田，那分明是一部生态文明"活教材"：田岭是纸张，石磅是页码，山水是插图，农耕是内容，大山是封面……婺源的"梯田之道"，也被当地百姓广泛运用于"铺路之道"。婺源古道，根据青石板的大小、形状、厚薄等因素"物为我用"，造就了钢琴键盘般的美丽姿彩。行走在婺源那一条条蜿蜒在绿水青山间的悠悠古道上，仿佛是用脚步在弹钢琴呢，而耳边也不时传来了一阵阵山风的悦耳"琴音"。

"行古道听油菜花语，近山水悟自然玄机。"对于真正的旅行者来说，"在路上"是说一不二的法则。当人们在婺源篁岭之巅，踏上海拔800多米的盘山古道，持续行走一个多小时的时候，对婺源梯田的生态文明"大地纹理"，对"婺源黄"的美学之道就会有新的认识。远的不说，仅就梯田灌溉而言，就需要上下村落共同保护生态、涵养水源，还要齐心协力让水渠不堵塞、不断裂、不干涸等等，这就需要当地百姓听从管理者的统一指挥，确保政令畅通、令行禁止。同时，婺源境内溪涧纵横，仅仅为了治河、管河，不让上游百姓连累下游百姓，大小村落就必须统一在同一个政府的治理之下。如此，让"靠山吃山""靠水吃水"的婺源百姓养成了尊重自然、敬畏山水的生态自觉，留下了"杀猪封山""生子植树"等村规民约和"养生禁示""封河禁渔"等自治石碑……其蕴藏的生存智慧对于今天的绿色发展仍有很大的启示。

东方美学的至高境界，是人和自然的默契。在中国传统山水画中，人的形象很少或很小，但整体上人气沛然。在旅游淡季，游客较少的时候，婺源同样别有一番滋味，置身其中，更能充分感受到自然的人情化、人格化。这里高山处，一座传播"缘起性空"佛学思想的栖霞古寺，已经存世了千余年。或许，受佛学思想的影响，栖霞古寺周边的"婺源黄"，不论海拔高低、香客多少，都绽放得坦荡无私，呈现得光彩耀人。由于人烟稀少，这里也呈现了一种"空"的境地。在"空"的世界，好像什么都没有了，又好像什么都有了。有和没有，也都进入了觉者的境界。或许，"婺源黄"明白：游客来了，不惊喜，不希冀；游客走了，不悔恨，不抱怨。她们乐于接受"无常"，因而气度更加开阔。这种开阔气度，不正是为世人送上的一剂心灵良方吗？

有道是"女为悦己者容"，为了迎接远道而来的八方游客，"婺女"适度梳洗装扮自己也是必要的。有的人，是用胭脂口红来"增色"；而"婺女"，却是用农业科技来"添彩"。这些年，她一直在尝试着做靓"花样文章"，通过借智借力，为"婺源黄"植入科技基因，实现了全球首例反季节油菜种植一举成功，实现了让"婺源黄"既能在雪地里盛开，也能在秋风中绽放；既能变身"雪花"，也能扮演"秋菊"。"婺女"造化与时俱进，敢为人先，有勇有谋，令人惊叹。

在她的造化下，婺源梯田皇菊成了秋季里的一道别致风景；婺源梯田茶园一举夺得全球园艺界的重要奖项"卡洛·斯

婺源珍稀鸟类——蓝冠噪鹛　王金平　摄

卡帕国际园艺奖"，成为迄今为止唯一获此殊荣的中国单位。受她启发，一道神秘的艺术光彩早早就洒向了千年古县，"满城尽带黄金甲"。于是乎，花海影视杀青了，油菜歌谣传唱了，花海民宿涌现了，赏花古道评选了，花海吉祥物发布了，油菜文创品问世了，油菜花旅游文化节也闪亮登场了……"婺女"变"种农田"为"种风景"，变"整环境"为"整资源"，摆脱门票经济依赖，带动全县七成百姓吃上了"旅游饭"，让全域旅游领跑全面小康，可谓治家有方、生财有道。

"婺源黄"之道，犹如一河清水滋养万物，浸润人心，生生不息，成就了一段段美谈。行走婺源，人们将深切感受到，"婺源黄"之道，既是"婺女"听从自然、顺应自然、保护自然的生态文明之道，也是"源头活水"吸收、涵养、展现的"上善若水"的老子之道和"廉泉让水"的朱子之道，还是"绿水青山就是金山银山"的大国崛起之道。

问道"婺源黄"，越看越有味，越品越感动，令人流连忘返，物我两忘。

155

江湖奇峰石钟山

很多人去石钟山，是因为苏东坡。苏东坡在《石钟山记》中写了他夜察石钟山的经历，文章如行云流水，潇洒自得，绘声绘形与卓识妙理兼具，吸引着人们循迹而至。

石钟山属九江市湖口县。从九江市区出城往东，全程高速公路，跨过雄伟的鄱阳湖大桥，很快就能来到石钟山的山门。与人们从《石钟山记》中得到的印象不同，石钟山并非危岩千尺、四面绝壁的湖中大岛，而是三面环水、一面连着陆地的水渚高崖。湖口县城半围着石钟山呈扇形展开，石钟山山门正对着热闹的街市，非常方便人们登山观景。

山门外是一片喧嚣的繁华。街道上的汽车来往穿梭，"湖口全鱼宴"的大幅招牌直入人眼，各种各样的酒店、大排档、商铺一间挨着一间，老板和伙计热情地招呼着南来北往的客人。一走进山门，却仿佛进入了一个静谧的世界。这里的游客随性地徜徉着，动听的鸟鸣不时传进耳朵，微风夹杂着清新的花香环绕在你的四周，未及细细游览，已然拂去了心尘，期待来一次心灵的旅行。

九江石钟山

156

拾级而上，首先看到的是东坡先生的汉白玉雕像。雕像有3米多高，被安放在正对山门的山坡之上，通身被清扫得一尘不染。每一名路过的游人都不禁要在此驻足良久，间或还有人鞠上一躬。只见众人注视下的东坡先生背手而立，衣袂随风微卷，面容和蔼，很是恬淡自得。此景轻易就让人想起了东坡先生与这方土地的不解之缘。苏东坡从小聪颖好学，被欧阳修称赞为"他日文章必独步天下"。他一生仕途坎坷，屡遭贬黜，多次出入江西，留下了大量脍炙人口的作品，使江西众多景点声名远播。在赣州八境台，他第一个提出城市八景概念，为后世模仿；在庐山，写下"不识庐山真面目，只缘身在此山中"等千古绝唱；尤其是湖口石钟山，因他的《石钟山记》而声名鹊起，引发定名原因千年之争……

依依别过苏东坡雕像，接下来是一条茂林垂荫、修竹掩映的石阶小道引领着游人前往景区深处。石钟山海拔57米，全山面积约9万平方米，体量不算很大。然而越走就越发现其精巧雅致，一派江南园林的美妙风光。

考古资料显示，早在商周时期，湖口先民就在此结庐为居，从事渔猎活动。自唐初到清咸丰七年（1857），石钟山曾有古建筑50余处，但后来基本毁于历次战火。现存的古建筑群主要由清末湘军将领彭玉麟主持重新修建。石钟山的建筑集亭、台、楼、阁、塔、榭、舫、廊等20多种形态为一体，皆是依山就势，因地制景，"各抱地势，钩心斗角"。各种各样的植物遍布山头，古榆浓荫匝地，香樟四季常青，紫薇搔首弄姿，梅花暗香浮动，樱花轻盈漫舞，不大的山头森林覆盖率竟达95%以上，仅木本植物就有200多种，与各式建筑相映成趣，相得益彰。漫步其中，石钟亭、怀苏亭、昭忠祠、报慈禅林、浣香别墅、坡仙楼、临湖塔等相继巧妙呈现，一步一景。尤其是当你走进浣香别墅，沿着天河向前，过听涛眺雨轩、芸芍斋，再至且闲亭，突遇石岩障前，几欲反身而退时，却有一座石板小桥，曲径通幽，又见一石门洞开，豁然开朗，原来是"桃花洞口，渔人精舍"，让人感慨别有一番洞天。

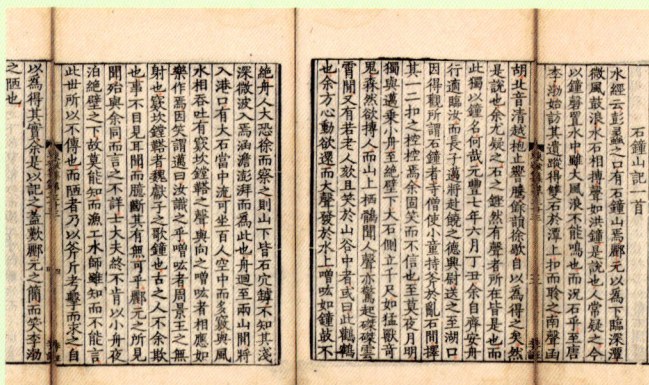

南宋年间杭州刊本《东坡集》中的《石钟山记》

　　近年来，当地在保留原有建筑风貌和特色的基础上，又新建了一批当代建筑，泛舟亭就是其中的绝佳代表。泛舟亭坐落在岩下水滨，需从临湖塔旁缘崖而下，经绝壁，穿洞、跨桥、过隙，一路曲径陡险方能到达。这是一个不大的亭子，周围乱石穿空，古树倒挂，景致清幽。900多年前一个月朗星稀的夏夜，东坡先生就在此岩之下，坐着一叶小舟艰难前行。湖水发出很大的声响，山林中惊起的猫头鹰凄厉地喊叫，划船人神情紧张，不断催促快回。东坡微欠着身体，紧紧抓住船身，借着月光辨明了波浪冲击下的岩壁布满大小不一、不知深浅的洞穴，风水相吞吐，哐啷作响，转而笑语："石钟之名原来如此，凡事还是要耳闻目睹才算啊。"如今，静坐亭中，闭目细听，仍然可以亲聆微风鼓浪、水石相搏、响若洪钟之美妙声音。

　　石钟山又是一座有着丰富文化遗存的档案馆。这里集中了大量由历朝历代大家名流、文坛巨匠留下的诗词歌赋、金石铭文、长短楹联。它们看似散乱，实则相通，只要细心揣读，无不令人有跨越时空，望云卷云舒、看花开花落的感觉。先看碑刻和石刻，现存有200多处，最早的可追至唐代魏征书四言书"遵王之义"。其中，名家名篇有之，如陶渊明的《归去来兮辞》、苏东坡的《石钟山记》；勒碑记功者有之，远如元代桑嘉依击退红巾军进复湖口，近如清末湘军曾国藩作《金陵湘军陆师昭忠祠记》；只言片语抒怀咏景者有之，如"力挽狂澜""云根""旷怀""牺牲救国""金石为心"等等。石刻"江湖锁钥"更是写尽石钟风云。历史上石钟山为兵家必争之地，谁控制了石钟山，谁就获得战争的主动权。从三国周瑜练兵于鄱阳湖，到朱元璋与陈友谅之战、太平军与湘军之战，石钟山目睹了一幕幕惨烈的战争场景，也见证了历史的沧桑巨变。再看楹联，更是多不胜数，几乎每一处建筑都有，其中昭忠祠更是达百余副之多。这些楹联文字质朴，多为即景抒怀之作，与建筑情景交融、相映生辉，更加增添了石钟山的文化魅力和感染力。

遍游全山，意犹未尽。小小的石钟山一草一木一石都承载着厚厚的历史，古往今来多少诗人、散文家、书画家、军事家、思想家争相驻足于此。特别是在苏东坡之前，陶渊明、谢灵运、郦道元、狄仁杰、孟浩然、李白、白居易、范仲淹等等，都曾登此感怀。看来，石钟山已远不止是东坡先生笔下山石多隙、水石相搏、常击钟鸣之声的石钟之山。

待站上山的最高处，顿觉天地辽阔。刚才还婉约动人的石钟山，这时像一位坚毅的勇士矗立在一片汪洋之上，脚下是中国最大的淡水湖——鄱阳湖，苍茫浩渺；右手边是中国最长的河流——长江，直泻千里。千百年来，湖水北去、大江东流，石钟山笑看大浪滔滔，水分两色，一切尽在掌控之下。远处匡庐秀色若隐若现，近处舟楫云集，来往穿梭，傍晚时分更有霞光映水、渔舟唱晚。诗人看到此景，会无限感慨吐块垒；画家看到此景，会腕底烟霞流雅韵；军事家看到此景，会想到"岿然天堑，诚不可忽"；忠臣节士看到此景，会感慨泾渭分明，忠奸不能并立……

扼湖控江的石钟山，如此自然天成，再加上人文造化，造就了这世上独一无二的"江湖奇峰"，中国不会有第二处，世界也不会有第二处。至此，人们也许明白石钟山吸引无数慕名者纷至沓来，不仅仅是因为东坡先生的一篇奇文，终究大家同东坡先生一样，都是大自然的朝圣者。

今人再游石钟山，还当精心呵护这一上天的恩赐，给予它更高的礼遇，不断丰富它的文化内存，使石钟山之名飞得更高、更远、更久！

望仙峡谷　飞瀑崖居

　　在奇石海洋、心灵之山——江西上饶灵山的北麓，有一条幽静美丽的大峡谷。相传东汉末年著名隐士胡昭（司马懿的老师）在此悟道修仙，他的亲人每天在谷中小村庄眺望山顶追寻其踪迹，因而此处得名"望仙谷"。由于谷中及周边有九块形状像牛的巨石，后人又称其为九牛大峡谷。除20世纪末，望仙谷曾因开采和加工花岗岩而喧闹过一阵，其余时间这里都十分幽静。随着城镇经济的快速发展，望仙谷日益落寞。

　　2011年，五位热血青年怀着留住乡村记忆、助力乡村振兴的梦想与激情，扎根望仙谷投身文旅创业，望仙谷又逐渐热闹起来。他们从简单的漂流做起，到逐步修建高空栈道、滨水游步道等观光设施，再到升级打造特色小镇，可谓一路艰辛、一路付出、一路收获。经过多年精心雕琢，望仙谷景区已经拥有自己的规划建设团队与文旅发展理念，先后开发建设了峡谷漂流、栈道探险、岩铺民俗、天心禅寺、芳村尝鲜、南山桃源、日照观音、大济寻贤等21个景点，一个集山水人文、漂流运动、休闲度假、健康美食、民俗体验等于一体的新型文旅地标正逐渐展现在世人面前，并以其独特视觉迅速成为"网红"景点。

　　望仙谷的峡谷狭长且曲折，两旁山壁陡峭如同刀削，其中有处大悬崖名为白鹤崖，显得尤为特别。这里曾是古代众多道家方士起居修仙的地方，垂直高度有110余米。如今，景区正在此开发建设12间悬空玻璃客房和悬崖图书馆、悬崖餐厅、高空观景台等人工设施。项目完工后，游客可择崖而居，近可俯瞰整座山谷，远则眺灵山龙脊，与山野为邻、与星月相伴，意似九霄云宫。望仙谷的河道怪石嶙峋、上下落差较大，上游建有一座小型水库，可自由调节河水水量大小，

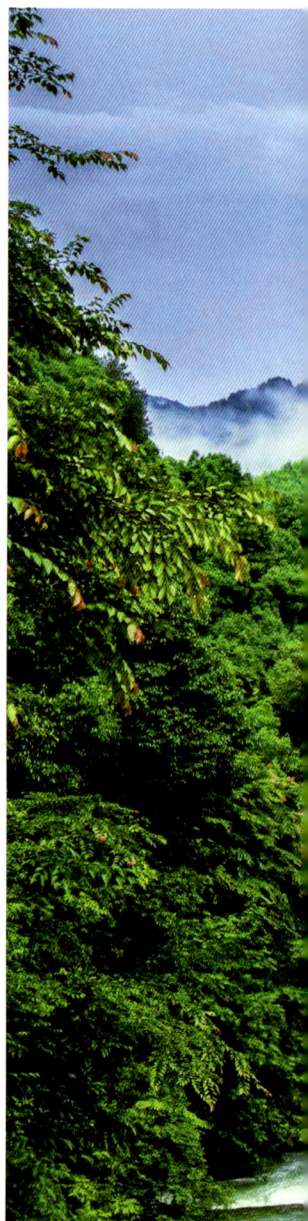

与其他地方的漂流相比，增添了几分刺激与乐趣。漂流河道全长 2.8 千米，落差 185 米左右，每年夏天有 10 多万名游客前来漂流冲浪。

在峡谷两旁的崖壁上，两条风格各异的高空栈道蜿蜒前行、遥遥相望。白鹤崖这边的栈道，部分采用玻璃铺设，脚下陡峭峡谷与急流溪水一览无余，胆小游客在此可能尖叫不断、寸步难行。对面的栈道，则别有一番情趣，整个栈道犹如一条玉带忽隐忽现地穿过大片森林与一群瀑布。这些瀑布有的离栈道较远，只能举目眺望；有的就在栈道

望仙峡谷

161

望仙谷悬崖

脚边，伸手就可触及。这些瀑布的水流、形状也各不相同，有的水流小又慢，自上而下缓缓地平铺在整块大石壁上，碰起层层叠叠的细小浪花，就像一朵朵开在岩山上的花朵，人们称之为岩花瀑。有的则大又急，直接从悬崖峭壁上以"飞流直下三千尺，疑是银河落九天"的气势落入河道中。整个空中弥漫着微白色的水雾，在阳光照射下，形成一道美丽的七彩虹，故名彩虹瀑。从栈道往下看，谷中有三个似圆形大锅的深水潭，人称"三口锅"。传说女娲补天的五彩石就在这下面，也有人说"三口锅"底下是暗河，可以直通鄱阳湖。

　　说到河与水，自然离不开桥。在景区入口处，有一座红色单拱钢结构大桥，拱桥坡度较小，游客走在上面如同"平步青云"，其桥名也正是"青云桥"。穿过青云桥，来到一座风雨廊桥，廊桥采用的是抬梁式架构，整个结构和工艺富有江西地方特色。峡谷中段，有一座高空钢架桥横跨峡谷上空，中间悬有"望仙谷"三个大字，桥虽显简单但似乎又带点粗犷美。在众桥中，最美的当为揽月桥。它是一座石拱桥，取材于当地的花岗岩，由百层方石堆砌而成，远看就像一钩新月。圆月夜里，圆圆的拱桥可将溪谷中的月亮倒影一揽而入，这也是它取名"揽月桥"的原因所在。

　　沿着栈道前行，穿过瀑布，越过森林，不久就来到了望仙峡谷小镇。小镇大量采用了夯土墙、石墙搭配木质小窗、黑瓦片的建筑风格，最大限度地遵循了复原村落、就地取材的原则，具有浓厚的江西地域民居特色，这也是它有别于其他特色小镇的地方。在以夯土墙、黑瓦片为外观主色调的听风、观山悦等民宿中，各项设施既现代又齐全，游客可以享受比肩奢华酒店的舒心服务。同时，这里的美食也是原汁原味的，景区在岩铺街市集中打造了红糖、酒、酱醋、油、年糕、豆腐、白茶、辣酱、造纸、木竹、布染等十多个传统农业手工作坊，游客们可以品尝到最地道、最正宗的望仙味儿，并可亲身体验各类传统手工农产品加工和制造过程。鸣蝉巷和灵光街则汇聚了充满奇思妙想的文创商店和上饶的非遗体验项目，溪谷左岸是由酒吧、红酒坊、啤酒屋、烧烤吧组成的酒吧街。小镇中还建有望仙杨府、胡氏宗祠、聚仙戏台、三神庙等精巧古建筑，江西弋阳腔、木偶戏、畲族民歌和沉浸式体验剧《我就是药神》等在此联袂演出。

　　根据景区建设规划，望仙谷将继续推出农业研学、温泉度假、高端涵养等其他板块，到时其文旅形式与内容将会更加丰富多彩，望仙谷的这份幽静与美丽也将会被更多人所痴迷。

人间仙境葛仙村

"来葛仙村过几天神仙日子"，不知从什么时候开始，这句旅游口号影响力越来越大。葛仙村也逐渐成为人们耳熟能详的旅游景点。葛仙村，是一个位于江西上饶铅山县葛仙镇的度假小村，就在道教名山葛仙山脚下。2018 年，葛仙山还是一片繁忙工地，短短两年间就有了如此大的变化，成了江西旅游的一颗璀璨新星，一处人人赞扬的人间仙境。虽然这让人有些许纳闷，但葛仙村名声在外却是不容置疑的。

在短短半年时间里，葛仙村先后冠名浙江卫视、湖南卫视最火的两档娱乐节目和三列高铁列车，并动员起各种传统媒体、新兴媒体参与宣传推广。这种敢于大手笔"造势"的传播意识，确实值得赞赏。毕竟旅游很多时候就是从眼球经济开始，酒好也怕巷子深，再好的景点没有吆喝也是不行的。就如江西一些优秀景点，现在依然处于"养在深闺人未识"的状态。

要想探寻葛仙村受宠变红的秘诀，不妨前往葛仙村走一趟，也顺便体验一番"神仙日子"。葛仙村景区以东汉末年"太极左仙翁"葛玄在葛仙山修道成仙的事迹为线索，运用中国传统文化中的"养生之道""修行之法""济世之术"创意和古典山水园林景观手法，依托祈福道教圣山葛仙山再现了一个集生态旅游、文化体验、商务会展和休闲度假于一身的汉唐风格小村。

自 2020 年 5 月 1 日对外试营业以来，景区在夜游、演艺、美食、节庆、住宿、商业等方面提供了许多与其他景区明显存在差异的产品，吸引了不少游客前来打卡。2020 年，葛仙村累计接待游客超 90 万人次，月均旅游收入突破 1000 万元，旅游人次和旅游收入均进入江西省前十位，直接解决 1200 余人就业，间接带动相关行业 5000 余人吃上旅游饭，真是了不起。

刚到景区门口，就见一座汉唐风格的古色小村静静地坐落在青山绿水之中，小桥流水、青石黛瓦相互映衬，不少地方弥漫着轻盈的白色水雾，颇有点仙气袅袅的味道。来到葛仙村，自然不能不登葛仙山。游客们首先要踏着铺满青石的小道穿过灵宝仙街，去索道站乘坐上山缆车。只见街道两边的商铺琳琅满目，既有各式餐饮、特色名吃，也有休闲娱乐、非遗文化体验等，充分体现了当地特色，店里店外人流涌动、颇具人气。

山不在高，有仙则名。葛仙山就是最好的例子，主峰葛仙峰海拔仅 1096.3 米，但因东汉葛玄在此山修炼得道而逐渐成名，并被后人誉为"中华灵宝第一山"。葛仙山的香火，自宋元以来一直很旺，每天有数以千计的来自赣、闽、浙、皖等省的香客前来朝拜。特别是在每年农历的六月初一（"开山门"）至十月初一（"关山门"），香客更是川流不息。其中，以农历八月二十日（葛仙翁寿诞）最盛，朝山

葛仙山 曾博文 摄

进香者常逾万人。过去，前往葛仙山只能靠步行，上下一趟需七八个小时，十分艰辛。现在，葛仙山修建了最先进的索道，全长2069米，高差691米，乘坐缆车只需不到10分钟就可以直达山顶，这使得上山的游客与香客数量大大增加。

登上葛仙山，站在观景平台，可见不远的峰顶、谷中缠绕着茫茫云雾，此时既有一种登高望远的惬意，更有一种身临仙境的逍遥。葛仙山境内峰岗叠耸、壑谷纵横，山形地貌奇特，九条支脉如九条苍龙，汇聚于大葛仙殿后，人称"九龙窜顶"。九龙汇聚之处为风水极佳之地，在此远眺可见武夷山主峰黄岗山和龟峰、灵山、鹅湖山等高山。山上还有仙人足印、石道人、香炉峰、试剑石等自然景观，留有玉虚观、大葛仙殿、三官殿、灵官殿、地母殿、玉皇殿（楼）等道教宫观。同时，葛仙山上的斋饭也是一绝。虽然一桌皆是素菜，如辣椒、茄子、青菜、萝卜等，但吃起来美味可口，胜过那些玉盘珍馐。好吃的原因有四条：一是厨艺绝。掌勺师傅很早就随父亲在山上学艺，每日固定炒这些菜已经40余年，厨艺已炉火纯青，虽身在小小山村中，但完全达到了"大国工匠"水平。二是食材鲜。绝大部分原材料都是道观在高山上自种自养，生长在"仙境"中味道自然鲜美。三是食油纯。炒菜的油都是周边香客进贡的自榨菜籽油，虽然各家各户的油比较杂，但他们都是各有所愿，对葛仙翁绝对虔诚，油必然是好中选优，不会弄虚作假。四是火候好。选用什么木材烧很有讲究，至于何时添柴、减柴、熄火更有窍门。

用完美味可口的斋饭后赶紧下山，令人期待的葛仙村灯光秀和水幕电影即将开始。当再次踏进灵宝仙街时，已是华灯璀璨，五颜六色的花灯高高悬挂在街道上空，游客在灯光中穿梭流动，与白天相比更有诗情画意。灯光秀和水幕电影主要围绕众妙阁与边上的水舞台而设计布置。众妙阁是景区的制高点，主楼高26米，采用古代建筑结构，为三层四柱的纯木结构。灯光表演先从"亮阁"开始，当流光溢彩的科技灯光聚焦投影在众妙阁上，众妙阁顿时变得"神采奕奕"，似乎

葛仙村

披上了七彩神衣。多彩灯光随着古典音乐不断魔幻地变动，呈现出各种各样的精美画面，加上阁楼上下还有舞蹈演员们随之翩翩起舞，众妙阁仿佛也变得灵动起来。

接下来，则是观看《归真纪》水幕电影演出。其通过高压水泵和特制水幕发生器，将水自下而上、高速喷出雾化形成"银幕"，再由专用放映机将特制的录影带投射在"银幕"上，形成不可多见的水幕电影效果。每当人物出入画面时，好似腾飞天空或自天而降，充满了虚无缥缈和梦幻的感觉。在水舞台上，舞蹈演员们伴随时而激荡、时而舒缓的音乐，演绎出一幕幕跌宕起伏的仙境传奇故事。由于过于沉浸其中，众人身上沾满水雾也浑然不知。葛仙村还有玉清台、洗尘门等 19 个光影秀观赏点，篇幅所限，不能逐一介绍。

当演出结束后，葛仙村的夜晚逐渐万籁俱静，轻轻漫步在小村大道上可享受到一份安宁。抬眼望去，月朗星稀。道路两旁，绿树成荫、枝繁叶茂，周边遍布古色古香的高档宾馆和民宿，还有错落有致的亭台楼阁。在华灯的映照下，这些画面分外光彩夺目，仿佛天宫盛宴般的辉煌灿烂，充满了人间仙境的韵味、世外桃源的梦境，可称之为"门外五百年，门里五星级"。晚上躺在床上，依稀可听见屋外溪水的潺潺流动声，偶尔还夹杂着几只不知名的小动物的叫声，此夜睡得格外香甜。

每年新春时节，是葛仙村中梅花盛开的时候。葛仙村的梅树共两千余株，有红梅、青梅、绿萼梅、绿垂枝梅等优良品种，有的从国外整株进口而来，成本不菲。梅树苍劲古雅、疏枝横斜，梅花凌寒绽放、清逸幽雅。为了吸引广大游客前往赏梅，葛仙村准备了以"梅"为主题的演艺活动，如抚琴奏乐、梅园祈福、梅花舞剧等。花期不待人，赏花须及时，新春正是赏梅好时节。每当这时，很多人的心中又会燃起那个念想：再去葛仙村过几天神仙日子。

俊采星驰

田园诗宗陶渊明

王勃与《滕王阁序》

李白五上庐山

文坛宗主欧阳修

改革家王安石

诗书双绝黄庭坚

正气丹心文天祥

智慧敏对解缙

戏梦人生汤显祖

科学巨匠宋应星

东方画魂八大山人

匠心独运样式雷

铁路之父詹天佑

田园诗宗陶渊明

中国第一位田园诗人陶渊明，以一己之力开创了中国文学史中的"田园诗派"，他身上好像有一种近乎魔力的吸引力，让那些有着超凡思想、脱俗灵性的人靠近他、解读他。李白在诗中引用陶渊明的诗句和典故"何日到彭泽，长歌陶令前"；杜甫高度肯定陶渊明的文学地位，第一个将陶渊明与谢灵运并称。白居易和苏东坡把陶渊明比作知己还嫌不够亲密，纷纷把陶渊明当成自己的前世。白居易自称"异世陶元亮"，作《效陶潜体诗十六首》；苏东坡说"只渊明，是前生"，将陶渊明推为历代诗人第一，并作了124首"和陶诗"，几乎将陶渊明留下来的每一首诗都和了一遍，掀起了"和陶诗"的潮流。黄庭坚把陶诗作为诗歌创作的最高境界，一生效法；辛弃疾几乎每写十首词，就有一首提起陶渊明。朱熹、龚自珍、王国维对陶渊明从哲学思想、艺术境界上总结归纳出了新的高度。

陶渊明（约365—427），又名潜，字元亮，私谥"靖节"，自号"五柳先生"，浔阳柴桑（今江西省九江市）人。陶渊明是中国伟大的诗人、文学家、思想家，流传于世的作品有诗125首、文12篇，后人编为《陶渊明集》。

陶渊明生活的朝代为魏晋南北朝，是中国历史上政权更迭最频繁的时期，乱象频生，战争不断，民生凋敝。陶渊明家世居吴地，曾祖陶侃官至东晋大司马，外祖父孟嘉是吴地士族、当时名士，有"孟嘉落帽"的轶事流传。纵览陶渊明一生，陶侃一系留下的"耕"，孟嘉一脉留下的"读"，几乎就是陶渊明身体力行的生活宗旨，给他的田园诗创作埋下了伏笔。陶渊明在青少年时期，受过较为正统的儒家教育，博览群书，勤于思考，兴趣广泛，精力充沛，非常注重自身的品

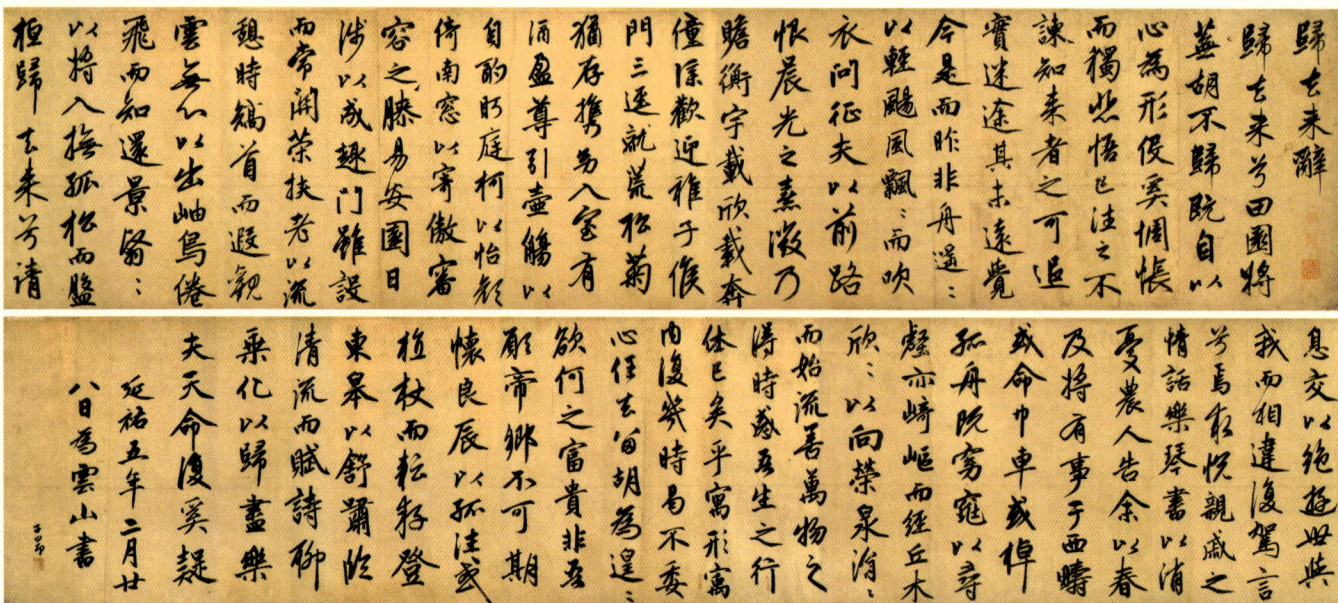

归去来辞卷　赵孟頫　书

德情操和文化修养。"少时壮且厉，抚剑独行游。谁言行游近，张掖至幽州"，他不仅读千卷书，还行万里路。

陶渊明在29岁时开始为官，先后任江州祭酒、桓玄幕僚、镇军参军、建威参军、彭泽县令等职务。这些官职虽然不高，但是因为江州（九江）在东晋时期的特殊军事地理位置，陶渊明几次被卷入权力斗争旋涡，看尽政治倾轧的黑暗和残酷，最后他任彭泽县令80余天就借故辞官回归田园。

公元405年，陶渊明以一篇立意高超如行云曜月、文辞畅达如流水归舟的《归去来兮辞》，告别仕宦生涯，开始了自耕自种、饮酒读书的田园生活。他的归隐像一声号角，一声亲切的呼唤，在后世那些渴望自由、寻求超脱、怀念故土的人耳边响起："归去来兮，田园将芜胡不归？"

陶渊明作为中国第一位田园诗人，他创作的田园诗高标逸致，1000多年来引发诗人们跟随效仿，形成了中国文学中独辟蹊径的一个派别。他最大的成就之一就是把日常生活诗化，把鸡、狗、锄头、种豆、喝酒这些生活琐细作为诗的主体，从每个人都习以为常的日常起居中参悟生命哲学。

对于陶渊明的诗歌特点，有两个字是所有人都认可的：平淡。乍一看不像褒义词，梁实秋解析得好：陶渊明诗是"绚烂之极归于平淡，但是那平不是平庸的平，那淡不是淡而无味的淡，那平淡乃是不露斧凿之痕的一种艺术韵味"。平淡成为诗歌的境界是从陶渊明开始的。在陶渊明所处的时代，人们对诗歌语言追求的是对偶铺陈、辞藻华丽，陶渊明平淡自然的诗歌完全是个另类，以至于他同时代的人无法洞见其光华。只有离他远一些，目光视野更宽广一些，诗歌发展更成熟一些，才能看到立在云雾之间的这一座高峰。

陶渊明的五言诗里最负盛名的应该是《饮酒》诗的第五首：

> 结庐在人境，而无车马喧。
>
> 问君何能尔？心远地自偏。
>
> 采菊东篱下，悠然见南山。
>
> 山气日夕佳，飞鸟相与还。
>
> 此中有真意，欲辨已忘言。

后世对这首诗的推崇已经到了无以复加的地步，甚至认为是"从前诗里不曾有过的句法"（朱自清语）。首联"结庐在人境"，语言通俗易懂，在人群聚居处做了房屋，起句就别有意味。诗人不是隐居江湖、退守田园吗，为什么不离群索居、远离人境呢？但是他说得太轻飘飘了，人们的疑问还来不及出口，他就淡淡地往下接了一句"而无车马喧"。于是人们又被他牵着鼻子走，被他设置的这个悬念给迷惑住了。为什么在人群聚居之地居住却没有人情世故车马之喧呢？"问君何能尔？"诗人自己替读者问出来了，语气散淡，带着些许调侃的意味，于是人们疑问的急切也被削弱，好像诗人悠然含笑的神态让人又把催逼的疑问给咽下去了，屏气凝神听他到底要怎么回答。"心远地自偏。"这一句蕴含佛教至理的回答一出来，读者无不叫一声好，

悠然见南山图　石涛　绘

果然有理，越品越有味道，让人想起"是风动是幡动还是心动"的佛教故事，想起"相由心生，境由心造"，好像有无穷的滋味一瞬间涌上心头，把抽象的哲学道理具化为生活的场景，毫无讲道理的痕迹，却让所有人心领神会。这就是陶渊明的"平淡"，陶渊明的"自然"！

写到这里，情思丰富敏感的读者已经想得入神了，而诗人却突然画面急转"采菊东篱下，悠然见南山"，芬芳的菊花隐着一道篱笆，一座山峰撑起天地，诗人漫不经心地一边手采菊花，一边眺望南山。这是多么悠闲的生活场景和姿态！在这一句里，所有自人类文明历史开始就有的利害关系都不见了，庙堂江湖，征人思妇，怨憎会、爱别离、求不得之苦都消除了，或者说至少被稀释得很淡很淡，淡到如南山上的一棵草一样可以忽略不计。突然浓郁到仿佛充满了整个画面的是清冽的菊花香气，天地间充满菊花的芬芳，把尘世间的污秽、血腥、铜臭都驱逐干净了。而在这明白干净的画面里，我们看不见诗人的表情，他似乎是背过身去的，只有悠然的意味传递出来。

不管是对所选景物的描绘，还是对诗人存在的描写，这首诗都极力留白，在这通过留白营造的简单到极点的画面里，一个浑然如庄子笔下逍遥游的宏大宇宙向读者开放，这种玄妙的意境征服了所有人。苏轼说："渊明意不在诗，诗以寄其意耳。'采菊东篱下，悠然见南山'，则本自采菊，无意望山。适举首而见之，故悠然忘情，趣闲而累远。此未可于文字、语句间求之。"悠然忘情，神游物外，情景交融，已不知何为我、何为物、何为情，让人击节赞叹。

陶渊明的诗里没有那些响亮铿锵的音调和让人紧张的元素，一切都是刚刚好的，篱笆边的菊花是刚刚好的，采菊时南山的视野是刚刚好的，看见南山时的夕阳是刚刚好的，日暮时分鸟群的飞翔也是刚刚好的。傍晚时分的乡村，大自然的时间规律在主宰着一切，所有的人与物都有着各自的去向，世间万物都是有序而安定的，这种安定感再一次对读者形成了暗示和渲染："归去来兮，既自以心为形役，奚惆怅而独悲"，"胡不归"？陶渊明的这种召唤能引起人们心灵深处的

桃源图 萧晨 绘

共鸣和向往，那是刻在人们的自然基因里的。

被认为是陶渊明田园诗力作的《归园田居》组诗，分别从正面、侧面、反面对田园生活进行摹写，运用了蒙太奇、特写镜头、白描、渲染等各种手法，构建了宇宙时空里某一种理想生活的范本。之所以说它是宇宙时空，是因为它脱离了某个朝代某种阶级：唐代人会产生共鸣，清代人也会产生共鸣；高居庙堂的人欣羡这样的生活，远处江湖的人也欣羡这样的生活；在东方能得到人们的认同，在西方也能得到人们的认同。

朱光潜在《诗论》中写道："儒佛两家费许多言语来阐明它，而

渊明灵心迸发，一语道破，我们在这里所领悟的不是一种学说，而是一种情趣，一种胸襟，一种具体的人格。"我想如果陶渊明只留下了《桃花源记》而没有留下田园诗，桃花源的形象未必能够如此深入人心，桃花源里的生活也未必能够如此使人向往。

陶渊明的田园诗最大的意义在于把当时处在社会最高层的贵族们鄙视的农家劳作生活安置在了艺术的最高层，而最令人佩服的是他让所有读过他的田园诗的人都认可这种安排，甚至追随他的价值观，去仿写田园诗，去过田园生活，给每一个中国人都种下了"田园梦"。这既是田园诗的魅力，也是陶渊明的魅力。

王勃与《滕王阁序》

王勃（约 650—676），"初唐四杰"之首。不到而立之年，别人的人生才刚开始，他却已经走过了生命的千山万水，经历了人生的大喜大悲、大起大落。他以少年天才名动长安，年未及冠，就科考及第，成为当时最年轻的官员，并入沛王府，成为皇子的侍读。然后，因为一篇《檄英王鸡》，他惹得龙颜大怒，被高宗皇帝下令逐出长安。再后来，他因为私藏罪犯，后又私自将罪犯处决，犯了死罪，幸好遇到大赦免于一死。他身怀绝世的文学宝藏，却困在现实的绝境里。然而，尽管连续两次遭受人生的灭顶之灾，他依然写出了千古第一骈文《滕王阁序》。在这篇仅仅 773 个字的文章里，他不仅为我们贡献了 40多个成语，其开阔的意境、优美的词句、工整的对仗、不老的经典，更昭示了一颗抱负远大、自强不息、积极向上、永不言弃的年轻的心。

一、王朝之春，时代骄子

每个王朝和时代都会有自己的气象，这种气象在很大程度上决定了社会的基调、境界和格局，进而深深影响出生于这个王朝和时代的人。王勃出生时，唐朝刚刚建立 30 余年，正值王朝之春，生机勃勃、万物竞发。君主贤明，疆域辽阔，社会安定，文化融合，让这个新生的王朝显示出不一样的文化自信。从宫廷到民间，从文官到武将，从显贵到草根，人人都希望开疆拓土，写诗作文，渴望建立功业，整个社会，都被一种创业创造创新的激情所笼罩。

王勃就出生于这样的时代，可以说，他生逢其时。他出身于山西河津一户书香门第，祖父王通在隋朝时期就是远近闻名的大儒，培养出了像房玄龄、杜如晦这样的名臣。王勃天才早慧，尤喜读书，6 岁就能妙笔生花，把诗词歌赋写得行云流水。9 岁时，他读大儒颜师古注解的《汉书》，发现多处错误，便写出十卷《指瑕》一一指出。他对中医也有很大贡献，创造了多种治疗方法和方剂。他的两个哥哥王勔、王勮虽然比不过王勃，却也文采了得，杜甫爷爷杜审言的堂弟、当时的一流文人杜易简盛赞他们三兄弟为"王氏三株树"。

滕王阁图 夏永 绘

长江万里图（局部）　吴伟　绘

二、文学天才，命途多舛

唐朝的科举制向天下学子发出英雄帖，这种不重出身，只重文采，相对公平的人才选拔方式有力地破除了豪门贵族对官职的垄断，在全社会激起强烈反响，让天下莘莘学子跃跃欲试。在父亲和哥哥的建议下，少年王勃开始专注科举，希望能够求取功名。同时，为了提升自己的名气，他还来到长安，四处拜谒名流，又直接上书当朝宰相。在文章里，他的文采闪闪发光，让宰相看后连连惊呼。

考中进士是王勃的高光时刻，他得授朝散郎，成为大唐当时最年轻的官员，并在主考官员的推荐下，入沛王府，成为皇子的侍读。似乎，人生的锦绣图卷就此展开，一条通天的大道已然摆在王勃面前。

初入沛王府的日子，是王勃生命里最愉悦、最欢乐的时光。和他交往的，不是贵族公子，就是青年才俊，他们饮酒、赋文、作诗、郊游，肆意挥洒着青春。一日，好友杜少府要离京赴任川蜀，王勃有感而发，提笔写下了《送杜少府之任蜀州》："城阙辅三秦，风烟望五津。与君离别意，同是宦游人。海内存知己，天涯若比邻。无为在歧路，儿女共沾巾。"

这首送别诗为何能成为王勃的代表作？新的时代必将孕育出新的

　　美学风格，体现在文学上，便是以王勃为代表的"初唐四杰"给当时文坛带来的革新力量，唐诗正是在他们的推动下开始大放异彩。之前流行的"宫体诗"大多描绘的是宫廷生活，题材狭小，华丽浮艳，矫揉造作，缺少筋骨。而像王勃这样的年轻诗人，则大胆创新了诗歌的题材，送别、远游、日常、见闻、边塞，无一不可以入诗。而且，他们的诗，清新自然，以诗言志，对仗工整，感情质朴，昂扬慷慨，佳句天成，在立意、格局上都大大超越了前人。

　　然而，王勃终究还是太年轻，他只看到了政治点石成金的魔力，却不了解政治狰狞无情的一面。无意间，他加入了沛王与英王的斗鸡比赛，一时兴起，写下《檄英王鸡》一文。这件事传到高宗皇帝那里，惹得唐高宗龙颜大怒，这勾起了李姓皇族两代人兄弟之间殊死搏斗的痛苦回忆。唐高宗当即下令，将王勃逐出长安。直到那一刻，王勃才明白，这次，他可是闯下大祸了。

　　离开长安，他去川蜀一带游历，试图在山水间治愈自己。"长江悲已滞，万里念将归。况属高风晚，山山黄叶飞。"（《山中》）繁华落尽，前途黯淡，他只有将感情深深地融进诗里。几年后，王勃到虢州做了参军的小官，却再次犯下大错。

滕王阁序 文徵明　书

他因私藏罪犯，后又怕东窗事发，私自处死罪犯而被判死刑，所幸遇到大赦，才免于一死。因为这件事，他的父亲还受到牵连，被贬到边陲之地交趾（越南）去当个小官，这给王勃很大的打击。

三、千古奇文，赞美江西

大家都以为王勃会就此沉沦。可是，哪怕遭遇生命的重创，王勃也没有放弃自己在文学上的志向，他依然写诗、赋文，在文学的天地里纵横。

不久，王勃决定走出家门，去看望远在交趾的父亲。途中经过南昌，恰逢滕王阁重修落成，东道主阎都督兴致盎然，大宴宾客，恰巧也邀请了王勃。正是这次宴会，点燃了王勃创作的激情，让他写下被誉为"千古第一骈文"的《滕王阁序》。

宴会之上，阎都督拿出纸笔，邀请大家为新落成的滕王阁写点文字，众人纷纷推辞。本来，阎都督想通过这次机会让自己的女婿孟学士出点风头，赚点名气。谁知，酒酣耳热之际，王勃站起身来，欣然接下纸笔，走到桌前，就开始洋洋洒洒写起来。

阎都督心中闪过一丝不悦，可是又不好当面发作，认为这位年轻人也未免太轻狂了些，只怕到时收不了场，落得个尴尬。

谁知，王勃头也不抬，写了一行又一行。阎都督也凑上前去看，恰巧看到一句"落霞与孤鹜齐飞，秋水共长天一色"，不由心中大惊：天哪，这篇文章将成不朽之文！

《滕王阁序》是一篇骈文。两马并列为骈，骈文要求句子两两相对，多为四字句对四字句，六字句对六字句，因称"骈文"，又俗称"四六文"。王勃在《滕王阁序》中展示了他出神入化的写作能力，对仗极其工整，声律极为铿锵，采用历史典籍极为广泛，用典多达 37 处，文采极为华美，是中国古代创造成语数量最多的一篇文章。

难能可贵的是，这篇文章不仅精彩纷呈，而且被王勃注入了充沛的思想感情，贯穿了他强烈的主体意识。早早地成名却急速地下坠，高远的志向与残酷的现实，过人的才华与飘零的生活，强烈的人生反差，一直压抑在王勃的心中，让整篇文章充斥着一种强烈的壮志难酬的苦闷，而一句"老当益壮，宁移白首之心？穷且益坚，不坠青云之志"又让人感觉到王勃那种不服输、不怕输、不认命的人生态度。这篇文章有着刚健的躯干、华美的外表，更有着饱满的灵魂、昂扬的精神，让人爱不释手，给人无限启迪！

这篇文章是从古至今宣传江西第一文，王勃虽不是江西人，但此文是在江西写的，堪称写江西的最伟大的名篇。很可惜的是，写完这篇千古奇文不久，从交趾归来的路上，王勃意外坠海而亡，初唐也因此痛失一位天才诗人。这就是王勃的一生。他尽管生命短暂，却活得绚烂，为我们留下诗 80 多首，赋和序、表、碑、颂等文 90 多篇。沧海桑田，滚滚长江东逝水，唯有经典永流传。

李白五上庐山

李白先后五次来到庐山，写下 40 余首诗词。他在走遍千山万水之后，评价庐山说："予行天下，所游览山水甚富，俊伟诡特，鲜有能过之者，真天下壮观也。"生性豪放的李白喜爱庐山是不言而喻的，但他抱负远大，不甘归隐于山间，所以他的一生都在"隐"与"仕"之间苦苦挣扎，而五到庐山的经历恰恰是他这种挣扎的真实体现。每当他在仕途中受到挫折，庐山总会用宽容温柔的胸怀接受他，抚慰他的伤口，帮助他重拾自信，使他抖擞精神，再度出发。或许，李白的命运早已同庐山纠缠在一起。

一、仗剑去国，豪情万丈

李白 5 岁发蒙读书，15 岁已赋有多首诗词，并得到一些社会名流的推崇，亦开始接受道家思想的影响。唐开元十二年（724），20 多岁的李白离开四川，开始了他的游历生涯。他带着一腔热血仗剑而行，路过成都、重庆、湖北，经洞庭湖顺长江而下，初次来到江州（今江西省九江市）。李白到此的目的，其一是看望在江州做买卖的兄长，其二是游览庐山。

"庐山"这个名字，最早见于司马迁的《史记·河渠书》里的"余南登庐山，观禹疏九江"，但司马迁没有对庐山作过多解释，也许那时庐山已是一座众所周知的名山。庐山的美景吸引了历代文人骚客，它的吸引力也是李白无法抗拒的。他第一次登上庐山香炉峰就被眼前美景所惊艳，并留下了《望庐山瀑布二首》。其中第二首是七言绝句，广为流传。

庐山瀑布图　高其佩　绘

"日照香炉生紫烟，遥看瀑布挂前川。飞流直下三千尺，疑是银河落九天。"在这首诗里，开篇就营造了一个梦境或者说是仙境。李白在头七个字里对瀑布一字未提，只告诉人们，阳光照在香炉峰上，朦胧的紫色烟雾笼罩了整个世界，仿佛山峰真的就是香炉，而云雾就是这香炉散出的轻烟。简单七字，瀑布的神韵尽在其中。然后才点出自己的位置和吟咏的对象："遥看瀑布挂前川。"由"遥看"二字领出的这句，仿佛是一声惊叹，就像是李白不经意抬起头来，壮观的瀑布突然映入眼帘。"遥看"不仅将瀑布的空间感描写了出来，也显示了自然的伟岸和人的渺小。在这两句的铺垫下，李白在最后两句诗里完全飞了起来："飞流直下三千尺，疑是银河落九天。"将庐山瀑布

的雄伟绮丽表达得淋漓尽致。

　　另一首《望庐山五老峰》知名度虽不及《望庐山瀑布》，但也极有神韵。"庐山东南五老峰，青天削出金芙蓉。九江秀色可揽结，吾将此地巢云松。"五老峰是庐山最高峰之一，也是庐山知名景点之一，因远眺山峰形状像五位老人并肩而坐而得名。五老峰奇形怪状，容易使人产生想象，这对于极富浪漫主义精神的诗人李白来说，无疑是一次极佳的发挥想象的机会。特别是"青天削出金芙蓉"一句，让人不禁要问：青翠葱茏的五老峰怎么会有"金芙蓉"呢？原来，当夕阳西下，只要站在五老峰东南，放眼眺望，就能看见余晖照在五老峰上，众峰突兀，仿佛一朵巨大的金色芙蓉，在天空下尽情绽放。

庐山五老峰

李白首次上庐山所写的诗，处处洋溢着青春的气息，颇有初生牛犊不怕虎的风采。但庐山并不是李白此行的目的地，他的目光放在遥远的东海之滨，放在富庶的东南一带，那里有极度繁荣的大城市。离开庐山后不久，李白先是到了金陵，后又游扬州，并在这座风花雪月的城市"散金三十余万"。但这仍不是李白的终点，他的终极目标是大唐王朝的中心长安。

二、求仙问道，韬光养晦

李白于唐天宝九载（750）第二次访庐山，距首次来已过了20多年。这时候的李白不再是那个意气风发的青年，他已经做过了翰林学士，虽然仅有两年，但亲见了朝廷的腐败和仕途的艰险。李白曾得到唐玄宗的赏识和宠幸，令同僚不胜艳羡，也因自由豪放无拘无束的性格得罪了当朝权贵。

李白生活在崇尚道教的时代，求仙问道已不仅仅是一种狂热的宗教行为，甚至变成了获得声誉、进入朝廷的一条"终南捷径"。这次李白来庐山，是求仙问道，更是韬光养晦、等待时机。

虽然庐山并非道教名山，但是因为它灵澈幽静，自古以来就吸引着求道之士在这里隐居。这也使得庐山拥有非常深厚的道教基础。三国末年，道士董奉曾隐居庐山，《神仙传》里说，董奉字君异，侯官人。他隐庐山，有道术，为人治病不取钱，病愈者使种杏五株，轻者一株。数年所种之杏，郁然成林。"杏林"日后成为医术高明者的代称，就源于此。今天庐山莲花峰和般若峰下均有杏林故迹。到了道教氛围浓厚的唐代，更多求道之士在庐山筑庐栖隐，甚至还有蔡寻真和李腾空等不少当时著名的女道士。

李白再次与庐山结缘，多少和李腾空有关。在他来到庐山之前，他已经送自己的妻子宗氏到庐山拜李腾空为师。为此，他还专门写了《送内寻庐山女道士李腾空二首》。在第二首里李白想象自己的妻子在庐山"素手掬青霭，罗衣曳紫烟。一往屏风叠，乘鸾著玉鞭"。

"紫烟"的意象再一次出现了，它将20多年前李白初到庐山时的情感与经历联系了起来。李腾空所在的屏风叠，也成了日后李白的卜居之地。

　　在送妻求道后不久，李白也于这一年的秋天来到了庐山。6年前，他已经接受了道教符箓，正式成为一名道士。这次在庐山所写的诗歌也多与道教有关。但庐山仍然只是李白漫漫长途的一个中转站。他那"经时济世"的雄心壮志，也并没有随年龄的增长和现实的打击而消失，他仍然试图寻找机会，一展自己的胸襟与抱负。正如李长之在《李白传》中所评价的那样："像李白这样的人物求仙学道，是因为太爱现世而然的，所以他们在离去人间之际，并不能忘了人间，也不能忘了不得志于人间的寂寞的。"于是，李白很快便离开庐山，踏上了北上之路。

上阳台帖 李白 书

三、辗转乱世，失望归隐

离开庐山的李白一路北上，一直抵达幽州。幽州是范阳郡的中心，当时担任范阳节度使的是安禄山。李白本想在这里谋求一个幕府参谋的职位，但看到的情况让他感到震惊——他发现了安禄山正在为谋反摩拳擦掌。于是李白迅速南返，安顿家人。

天宝十四载（755），"安史之乱"爆发，京都危在旦夕。面临灾难，唐玄宗惶恐不安，奔逃到川蜀。李白当时正在安徽、越中一带避难，尽管他深知朝廷腐败不堪，但也没想到会崩溃得如此之快。当唐玄宗逃亡蜀中的消息传到李白耳中后，他带着失望继续向南奔逃，带着宗氏夫人又一次来到了适合休憩疗养、能抚慰他心灵的庐山隐居。

这是李白第三次到庐山，也许，这次他是真的想把庐山当作他后半生的栖居地。这次他在庐山居住长达半年之久，并修建了读书草堂，其间写下《赠王判官时余归隐居庐山屏风叠》。"吾非济代人，且隐屏风叠。中夜天中望，忆君思见君。明朝拂衣去，永与海鸥群。"李白此诗，实际上是对自己的前半生的总结，并表达了当此国家危急存亡之秋，自己却无从用力的悲愤失望情绪。此时的李白虽在庐山避难，却仍有一颗爱国之心，无奈中还存有对国家山河的抱负。

四、应邀出山，梦断浔阳

就在李白隐居庐山后不久，唐玄宗之子，时任镇守江陵的四道节度使的永王李璘向李白发出了盛情邀请。李璘的幕僚曾三次上山来代表李璘聘请李白，这让李白不禁想起了"三顾茅庐"的典故。李白动了心，决定再次出山，这也是他第三次离开庐山。

李白怀着消灭叛乱、恢复国家统一的志愿应邀入永王李璘幕府。在李白看来，天下乱局已现，唐朝将被割据。因此，他赞同永王攻占金陵，在江南立足，便于称帝，并随李璘军队一路东下，其间写下了《永王东巡歌》11首。虽然这些诗歌才气纵横、意气风发，但它们却成为李白附逆的罪证。即位不久的唐肃宗发现李璘的目标并非安禄山的叛军，他不允许手握南方兵权的永王与自己分庭抗礼。唐至德二载（757）初，肃宗下诏，命令永王回蜀中，永王拒绝，兄弟之间的战争一触即发。最终，永王战败被捕。而李白因为追随永王，背上了附逆之罪。永王被杀以后，肃宗开始清除其余党，李白逃至彭泽时被捕，以"附逆作乱"的罪名被投入了浔阳（今江西省九江市）狱。对于这个天才诗人来说，这是一个巨大的打击和摧残。而更具有讽刺意味的是，囚禁他的地方，正是在庐山脚下的浔阳。

当他看到庐山，会不会这样想：如果当时能够一直隐居在庐山，我的人生又会是怎样的呢？历史没有假设。在浔阳狱中的李白写下了大量的诗歌，每一首都感人至深，每一首都充满了一位诗人在苦难折磨中所留下的伤痕。

年近花甲的李白，生死难测，尚在庐山的夫人宗氏听到李白入狱的消息后四方求救。终于，前来江南安抚百姓的宣慰使崔涣和御史中丞宋若思向李白伸出了援手，他们向朝廷申辩李白无罪。李白感受到了恩情和善意，这使

李白行吟图 梁楷 绘

得他临终之前仍想报效国家，洗脱自己的污点。李白最终被判流放夜郎（今贵州省遵义市桐梓县一带），于是他再次远离庐山，开始了流放的生涯。在被流放夜郎之后，他写下了《经乱离后天恩流夜郎忆旧游书怀赠江夏韦太守良宰》一诗，在这首诗里，李白用充满想象力的笔触、极为炫目的色彩与技巧和浓烈的感情，谈到了自己一生的志向，以及在"安史之乱"爆发前后的遭际。名句"清水出芙蓉，天然去雕饰"就是出自这首诗。

五、获赦而归，永别庐山

唐乾元二年（759）春，关中地区遭遇大规模旱情，朝廷颁布了一条特赦令："天下现禁囚徒，死罪从流，流罪以下一切放免。"获赦的李白，立即欢喜而归，在白帝城，他乘舟顺流而下，写下著名的《早发白帝城》一诗："朝辞白帝彩云间，千里江陵一日还。两岸猿声啼不住，轻舟已过万重山。"突如其来的自由，让李白无比兴奋，笔下满是风发意气，依稀之间，他仍是从前鲜衣怒马的少年。

唐上元元年（760），李白再登庐山，这一次更像是一次告别。在李白的一生中，庐山与他有着不解之缘，每当仕途受挫时，他就被庐山召唤而来，而庐山的宁静给了他最好的安慰。现在李白老了，他似乎预见了自己将不久于人世。他要向这座山告别了。在《过彭蠡湖》一诗中他伤感地写道："青嶂忆遥月，绿萝愁鸣猿。水碧或可采，金膏秘莫言。余将振衣去，羽化出嚣烦。"在《下寻阳城泛彭蠡寄黄判官》一诗中，李白写道："石镜挂遥月，香炉灭彩虹。"从"青嶂忆遥月"到"石镜挂遥月"，这"遥月"究竟是山中之月，还是李白的化身呢？"香炉灭彩虹"，这句诗将他与20多年前的庐山之行连接了起来，只不过那时的彩虹，现在已经消散了。离开庐山的第二年冬天，李白逝世于安徽。

李白一生中留给庐山的诗歌并不算多，其中大部分都是在浔阳狱中写下的。尽管如此，李白还是用他天才的情思给庐山增添了无穷的魅力。在他的笔下，庐山是战云密布的，"楼船若鲸飞，波荡落星湾"（《豫章行》），"风高初选将，月满欲平胡"（《中丞宋公以吴兵三千赴河南军次寻阳脱余之囚参谋幕府因赠之》）。但更多的是空灵，"霜清东林钟，水白虎溪月。天香生虚空，天乐鸣不歇"（《庐山东林寺夜怀》）；是可以洗去内心污浊的明净，"而我乐名山，对之心益闲。无论漱琼液，且得洗尘颜"（《望庐山瀑布二首》其一）。还有他人无法领略的壮观："登高壮观天地间，大江茫茫去不还。黄云万里动风色，白波九道流雪山。"这首写于李白最后一次来到庐山时的《庐山谣寄卢侍御虚舟》，是写庐山的最好的篇章之一。人们对于庐山的感观，多是秀丽空灵，而李白用他宽广的胸襟，给庐山注入了一股宏阔壮观的气象，这气象包容万物，延绵不绝。正是这位过客给庐山写下的五色斑斓的诗句，为庐山留下了瑰丽篇章，使秀丽的庐山从此有了蔚为壮观的解读和更为丰富的内涵。

　　李白离开了庐山，但这里的人们始终没有忘记这位翩若惊鸿的诗人。五老峰下李白曾隐居的山谷被命名为青莲谷，谷中有李太白书堂，明代还曾在附近建过青莲寺。今天这些建筑都已随着时间远去，但他的伟大诗歌必然万载流芳。有了那些雕刻在人们心中的名句，对于庐山来说，已经足够了。

文坛宗主欧阳修

  欧阳修（1007—1072），吉州永丰（今江西省吉安市永丰县）人，北宋著名文学家、史学家，字永叔，号醉翁，晚号六一居士，以"庐陵欧阳修"自称，谥号文忠，世称欧阳文忠公。官至翰林学士、枢密副使、参知政事，累赠太师、楚国公。后人将其与韩愈、柳宗元和苏轼合称"千古文章四大家"，他也是唐宋八大家之一。欧阳修是北宋时期文甲天下、举国公认的文坛领袖，宋史评价为"天下翕然师尊之"。

一、命途多舛义凛然

  欧阳修出身贫寒，自幼生活异常艰辛。北宋景德四年（1007）欧阳修出生时，其父欧阳观已近 60 岁高龄，属于老来得子。不幸的是，3 年后，欧阳观逝于泰州判官任上。欧阳观为官清正廉洁，为人乐善好施，致使家无余财，欧阳修与母亲郑氏只得到湖北随州投奔他的叔叔欧阳晔。欧阳晔也是一位清官，家里并不富裕。好在欧阳修母亲郑氏受过良好教育，可以教欧阳修读书写字。但由于家境贫穷，买不起笔和纸，郑母就用芦苇秆在沙地上教欧阳修读书写字，从此"画获教子"的故事开始在民间流传。母亲的睿智卓识让欧阳修在苦难的幼年获得了基础教育。

  欧阳修天资聪颖，自幼喜爱读书。常常从城南儿时伙伴李尧甫家借书抄读，往往书还没抄完，就已经能够诵读。

欧阳修塑像

"自幼所作诗赋文字，下笔已如成人"，其叔非常高兴，宽慰郑氏夫人说："嫂无以家贫子幼为念，此奇儿也，不惟起家以大吾门，他日名重当世。"10岁那年，欧阳修在李家的故纸堆里，发现了6卷残破不全的《昌黎先生文集》，如获至宝，在征得李父同意后，欧阳修把书借回家里，工工整整抄录下来，手不释卷，这在他心里播下了一颗诗文革新的"火种"。

欧阳修的科举之路可谓坎坷，一波三折。欧阳修受韩愈文风的影响，让他在科举考试的路上连栽了两个"跟头"。北宋天圣元年（1023），不满18岁的欧阳修首次参加随州州试，因为韵律不合而落榜；3年后，他再次参加州试并通过，然后由随州荐名参加天圣五年（1027）春天的礼部贡举，又一次因为"不合时宜"而落榜。天圣七年（1029）春，经胥偃推荐，欧阳修参加国子监考试获得第一，同年秋参加国学解试又获得第一，第二年参加礼部省试又获得第一，欧阳修"连中三元"，一时名动天下。

天圣八年（1030）三月，欧阳修在仁宗皇帝主持的殿试中二甲进士及第，位列第14名，被授任将仕郎、试秘书省校书郎，充任西京（洛阳）留守推官，从此走上仕途。但欧阳修的仕途之路并不平坦，不止一次遭到贬黜。前两次贬黜都与范仲淹有关。欧阳修在庙堂之上刚正凛凛，与范仲淹有着相同的政见。看到范仲淹受到贬谪，他挺身而出，有着"死不失义"的勇气，义正词严，直言敢为，不计祸患，其"毅然自守，不为富贵易节"的凛然正气也得到了人们的赞扬。欧阳修从天圣及第、夷陵之贬至庆历回朝，从滁州之谪再到至和回京、移知青州等地，一生三起三落，屡遭诬陷贬谪，而终不改节操，显示了其大义凛然的人格魅力。王安石曾评价他"果敢之气，刚正之节，至晚而不衰"，赞叹之情溢于言表。

总之，欧阳修童年的苦难、勤奋学习的精神、仕途的磨难和独特的人格魅力，不仅影响了一代士风和学风，还吸引了众多的同僚和门生集中在他周围，为他成为文坛宗师奠定了基础。

二、文坛宗主领风骚

欧阳修作为北宋诗文革新运动的杰出领袖，领导了诗文革新运动，在文坛上独领风骚，开创了一代文风，为宋代文坛带来了一股欣欣向荣的风气，奠定了其文坛巨擘的地位。

1. 在文学主张上提出"文道并重"

北宋诗文革新是继唐代古文运动后掀起的一场文学改革运动。欧阳修为改变宋初文坛华而不实、无病呻吟的文风，高举"古文"大旗，在继承韩愈"文以载道"文学理论的基础上，提出了"文"与"道"并重的观点，开创出一种新的散文风格，令人耳目一新，直接推动北宋文化攀上中华文化的高峰。

2. 在创作实践上提倡平易生动

欧阳修启蒙时期学的都是"古文"，即"散文"，散文与骈文完全不同，它重内容，喜用单句且不讲求韵律。欧阳修曾因科举考试时写"古文"而两次落榜。因此，欧阳修十分懊恼，利用一切机会"推销""古文"，直接阐明"时文"的危害，明确要求改变文风。但他在创作实践上，摒弃了韩愈文章怪奇难懂的一面，从平易近人出发，倡导平实简朴的文风，不用冷僻之字，借用骈文句式的长短变化，注意文句之间的联系和衔接，使语句轻快通畅，展现了其"文从字顺"的一面，建立起平易流畅、含蓄婉转的风格，从而开创了一代文风。

3. 在文风转变上消除文坛积弊

北宋初期，浮靡的"西昆体"和险怪的"太学体"大行其道，科举考试重"骈文"，注重形式，要求对偶用典堆砌辞藻，尤其重视韵律。这种一味好奇尚怪、粉饰太平的文风风靡整个文坛。到仁宗时期，欧阳修主持科举考试，以"贡举"为"指挥棒"，恢复以"古文"取士。此举犹如一枚炸弹震动了北宋文坛，让那些一心想金榜题名的考生纷纷改弦易辙，开始认真钻研"古文"，从而使考场上看不到哗众取宠的"四六时文"，北宋文坛风气由此为之一新，多年以来的文坛积弊得以消除。

4. 在改革方向上注重统筹推进

欧阳修把文风、学风和政风的变革统一起来作为社会变革的重要手段。他认为，要彻底实现文风的改变，必须依靠"顶层"推动，他频频上书，提出改革主张。他建议仁宗皇帝通过改革科举取士标准，"倒逼"士子改变文风，通过改变文风进而改变政风，通过改变政风提高治理效率，从而彻底扭转吏治腐败、奢靡成风、积贫积弱的政局，达到富国强兵的根本目标。

总之，欧阳修在北宋诗文革新中发挥了中流砥柱的作用，改变了北宋文学发展的基本走向，使得宋初艰僻险怪、浮靡华丽的文风得以转变，开启了宋代文坛令人耳目一新的风貌。

三、诗文盖世耀文坛

欧阳修以文章名冠天下，一生诗文成果颇丰，成绩斐然。作为宋代第一家，被尊为"一代文宗"。以《欧阳修全集》统计，其诗词今存1000首左右，散文有2000多篇，"文章一出，天下士皆向慕，学之犹恐不及，使得一时文风大变"，对后世的文风和文学产生了深远的影响，光耀整个北宋文坛。

在诗歌方面，欧阳修继承了白居易和韩愈的传统，从梅尧臣坎坷的遭遇中提出了"穷而后工"的创作主张，认为诗人"内有忧思感愤之郁积，其兴于怨刺"，才能感受真切，写出"人情之难言"的作品。欧阳修"穷而后工"的创作主张从诗歌创作、社会生活和诗人独特的生活经历等方面，深刻阐述了作家的生活道路与创作的关系，将作家的生活境遇、情感状态和诗歌创作的形式联系起来，注重真实的内容与相应的辞采相结合。其诗主要分为三类：一是反映劳动人民生活的现实题材，如《边户》；二是表现自己的生活境遇和个人情怀之作，如《别滁》；三是反映风土人情的咏史诗，如《望江南·江南柳》。其中的代表作是《生查子·元夕》，写的是元宵节观感，最有名的两句是"月上柳梢头，人约黄昏后"。

醉翁亭记书画合璧（局部） 谢时臣 绘

在散文方面，欧阳修受儒家思想的影响，提出"文道"并重的文学思想，把文学形式与思想内容相提并论，大大地提高了文学的地位。欧阳修在散文创作方面成就最高，对后世的影响也最大。他继承了韩愈"文从字顺"的特色和章法结构，其散文内容充实、形式多样，创作理论与实践相辅相成，形成了简约有法、迂徐有致、平易畅达、圆融轻快的写作风格，文章皆为有感而发。其散文有三大特点：一是文体多样，有政论文、史论文、记事文、抒情文和笔记文等多种文体，议论、叙事和抒情兼备；二是吸收了"古文"与骈文之长处，对四六体也进行了革新，确立了文赋新形式；三是创作富于变化，开阖自如，具有和谐的韵律感，创造了一种平易自然的新风格。其中写景叙事散文是欧阳修散文中成就较突出的一部分，《醉翁亭记》是此类散文中的佳作。《醉翁亭记》写于滁州，文章围绕"乐"字而展开，让作者沉"醉"在山水美景和与民同乐之中，把写景、叙事、抒情巧妙地融合在一起，借山水之乐来排遣谪居生活的苦闷，富有诗情画意。文中各句都以"也"字落脚，创造性地连用21个"也"字，形成了一唱三叹、余音缭绕的韵律回环美，别具清新格调。《醉翁亭记》可以说是一首

优美的散文诗，典范地代表其一唱三叹的"六一风神"散文美学风格，其中"醉翁之意不在酒，在乎山水之间也"的名句是宋之后历代文人的必引之句，比喻本意不在此，而在别的方面。此文也是欧阳修文风成熟的标志。

总之，欧阳修领导了诗文革新运动，在当时的文人群体中具有强大的号召力，其诗文成就引领一代文风，闪耀于整个宋代文坛，奠定了宋代文化盛世的基础，在中国文学史上有着重要地位。苏轼评价其文说："论大道似韩愈，论事似陆贽，记事似司马迁，诗赋似李白。"

四、千古伯乐荐贤才

欧阳修作为文坛宗师，不仅文章锦绣，而且独具慧眼，对有识之士极尽赞美，甘为人梯，竭力推荐，使当时一大批默默无闻的青年才俊脱颖而出，为国荐才，名垂后世，堪称千古伯乐。

北宋时期，文风郁郁，雄才辈出，灿若星辰，这与欧阳修对人才的大力提携分不开。正因为欧阳修堪为人师的道德文章，才有了黄庭坚、秦观、晁补之、张耒等文坛巨匠和张载、程颢、吕大钧等旷世大儒。欧阳修一生桃李满天下，连包拯、韩琦、文彦博、司马光也曾经得到过他的赞赏与推荐。最难能可贵的是唐宋八大家中苏洵、苏轼、苏辙、王安石、曾巩五人，均以布衣之身被他相中和提携，从而名扬天下，成为当时文坛主将。正如陈寅恪评价欧阳修所说："贬斥势利，尊崇气节，遂一匡五代之浇漓，返之淳正。故天水一朝之文化，竟为我民族遗留之瑰宝。"

1. 提携曾巩，发现苏轼

曾巩少年成名，善于策论，对科举之文不屑，屡试不第。曾巩在考试失利后，通过家世渠道给欧阳修写了一封自荐信，由此得到欧阳修的接见。曾巩以一篇《时务策》献给欧阳修，欧阳修读罢大为赞叹，"过吾门者百千人，独于得生为喜"，遂收曾巩为徒，悉心栽培。曾巩最终考中进士，名满京城。欧阳修与苏轼可以说是"伯乐"与"千里马"的关系。相传欧阳修发现苏轼有一番小小的波折。欧阳修担任京城会试考官时，因猜测一篇奇文为自己的学生所作，怕授人口实，将苏轼本来可以获得第一的文章列为第二。直到发榜时，欧阳修才知道实情，心里十分愧疚，但苏轼却并不计较，还与欧阳修结为忘年交。欧阳修对苏轼的出众才华和宽广胸怀赞叹不已，"老夫当避路，放他出一头地也"，正式收苏轼为弟子。在后人眼里，欧阳修与苏轼是北宋文坛耀眼的双星，他们先后作为文坛领袖，铸造了北宋文学的辉煌。

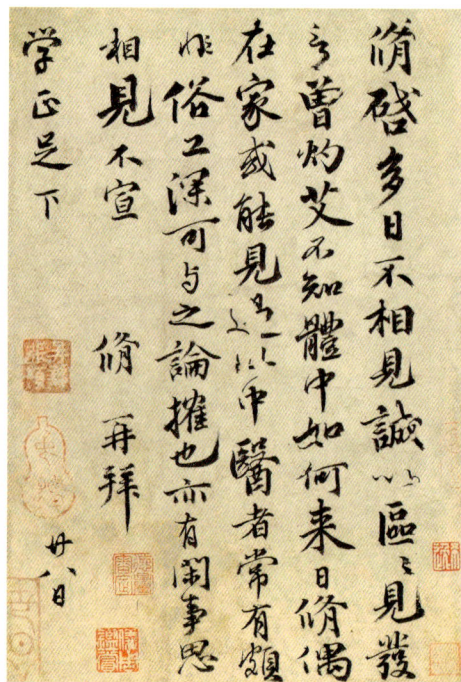

灼艾帖 欧阳修 书

欧阳修像　陶璨　绘

2. 改革科举，为国选才

欧阳修针对北宋科举制度存在的弊端，上书仁宗皇帝，提出了许多改革科举考试的主张。北宋嘉祐二年（1057），欧阳修在知贡举期间进行了改革尝试，通过改变科举取士标准，对西昆体与太学体进行坚决整顿，变诗赋取士为策论取士，为朝廷选拔出了大量的优秀人才，曾巩、曾布、程颢、朱光庭、吕惠卿等均为嘉祐二年贡举进士。嘉祐四年（1059），欧阳修再次主持科举考试，继续整顿文风，明确要求文章必须平实质朴、言之有物，凡华而不实、奇涩险怪者，一律不取。这使得一心想要金榜题名的读书人纷纷改弦易辙，北宋文坛文风为之一新。欧阳修在大力改革文风的同时，十分注重发现和选拔人才。嘉祐二年科举共录取进士 388 人，《宋史》有传的超过 20 人，三品以上高官有 9 人，副宰相以上有 7 人，堪称科举史上的盛况。

3. 心胸开阔，推贤荐能

宋代人才辈出，群星灿烂，与欧阳修的学识、眼光和胸怀密不可分。欧阳修曾经担任谏官和吏部流内铨，有权评论时政和朝臣的功过，对地方官员的升降赏罚起着决定性作用。但他心无旁骛、秉公用权，荐人出以公心，外举不避仇，培养提拔了一大批新人。经他举荐的贤能不计其数，文坛上有唐宋八大家中的宋代五位文学家，还有宋朝几大学术流派的重要人物，如"洛学"的程颢，王安石"新学"的重要成员吕惠卿、曾布等。政坛上欧阳修向宰相杜衍推荐曾巩，后又恳请皇帝予以重用，结果曾巩晋升为实录检讨官，成为朝廷名臣。欧阳修任参知政事时，不计前嫌，向宋仁宗皇帝推荐了政见不同、与他有些矛盾的吕公著、司马光、王安石三个可任宰相的人选，其人格魅力世人无不敬仰。其死后被追封为太子太师，后来又被皇帝赐号"文忠"。

总之，欧阳修爱才心切、求才若渴，举才之功无与伦比。正如《宋史·欧阳修传》所说："奖引后进，如恐不及，赏识之下，率为闻人。"世人称之为千古伯乐实不为过。

唐宋八大家 *代大权 郝彦杰 贺秦岭 绘*

　　义通古今，学传中西。欧阳修作为中国文化史上名垂千古的文学家、史学家、百科全书式的大学者，不仅对中国文学产生了巨大影响，而且对世界文坛产生了广泛而深远的影响。早在 14 世纪中叶，欧阳修的作品就传入周边国家，日本、朝鲜等国开始翻译研究其诗文，他的作品大受欢迎。19 世纪后期，欧阳修的诗文传入西方，先后被译成英、德、法等国文字，在世界文坛上享有盛誉。

改革家王安石

　　王安石（1021—1086），江西临川（今江西省抚州市）人，字介甫，号半山，世人又称王文公，北宋著名改革家、政治家、教育家和文学家。王安石生活在北宋开始走向衰落的时期，一生两次担任宰相，两次被罢免，有着两起两落的传奇人生。他出身于仕宦家庭，从小天资聪颖，博览群书，记忆力惊人，下笔成文。他随父亲宦游各地，深刻了解民间疾苦，并逐渐产生为民报国的远大志向。北宋庆历二年（1042），王安石以第四名的成绩考中进士，授淮南节度判官。任满后，他被调为鄞县（今浙江省宁波市鄞州区）知县，政绩卓著。嘉祐三年（1058），他上万言书，系统地提出了变法主张。北宋治平四年（1067），宋神宗即位，王安石深得神宗器重，后被诏为翰林学士兼侍讲。北宋熙宁二年（1069），王安石任参知政事，次年拜相，主持变法。熙宁七年（1074），他因守旧派反对被罢相。一年后，他再次被神宗起用，旋又被罢相，退居江宁（今南京）。北宋元祐元年（1086）四月，他病逝于钟山，被追赠太傅。北宋绍圣元年（1094），他获谥"文"，故世称王文公。政和三年（1113），宋徽宗追封王安石为舒王，配享孔庙。后至北宋靖康元年（1126），王安石又被追夺王爵，毁去配享的画像，降为从祀。

一、初露锋芒的改革家

　　庆历二年（1042），王安石进京应试科举，因文思精妙、落笔如花，被主考官相中为状元，却因卷中的一句"孺子其朋"，被认为对皇帝不恭，引起仁宗皇帝不满，降为第四名，并授淮南节度判官一职。初出茅庐的王安石勤奋好学，时常通宵不寐，一干就是三年。任满后，他放弃了京试入馆阁的机会，调为鄞县知县，掀开了仕途和人生的新篇章。

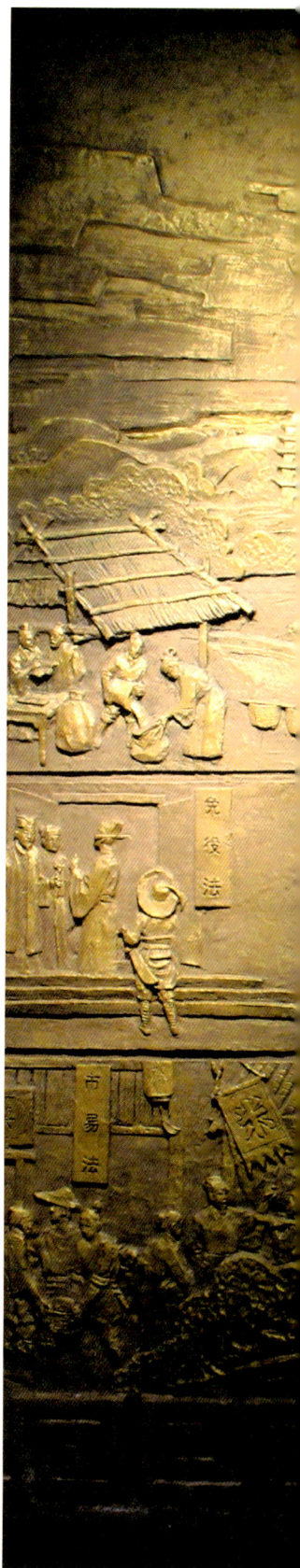

王 安 石 变 法

王安石变法

205

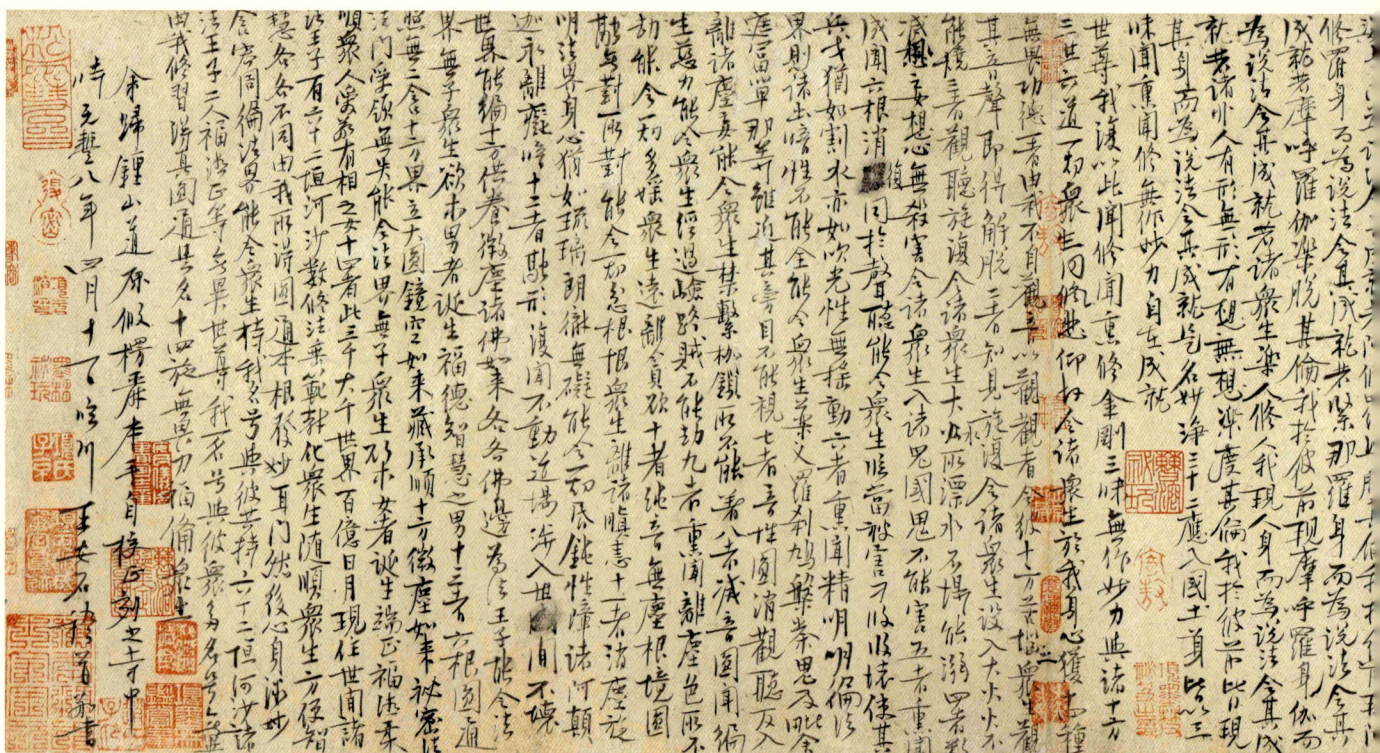

楞严经旨要卷 王安石 书

　　中国历来有"郡县治，天下安"的说法，但县官又难当，"官之至难者令也"。在主政鄞县的三年里，王安石矢志不移、锐意革新，进行了第一步改革尝试，表现出坚定不移的使命感、笃行务实的作风和不屈不挠的勇气。初到地方任职，他不唯上，不空想，立足于鄞县地方实际，从与百姓生活密切相关的两大问题——水利和粮食问题入手，遍访乡邻，考察民生，发展教育，兴修水利，立足为老百姓做实事，在此基础上形成县政治理的决策，真正做到了"为官一任，造福一方"。鄞县之治初露锋芒，那里成了王安石改革的试验田，在其人生发展过程中具有里程碑意义。

　　皇祐二年（1050），王安石在鄞县任职期满，在临川和江宁待了一年。皇祐三年（1051）五月，文彦博推荐王安石任馆职，王安石推辞不受，被任命为舒州通判。后来王安石又担任过常州知州。他每到一地都锐意改革，惠民为国，留下了有目共睹的突出政绩。

　　王安石在地方为官期间，积极探索地方治理的方法，推出了多项改革举措，取得了明显成效，积累了丰富的地方治理经验，萌生了主宰天下的大志，为他后来寻求变革之道、实施变法提供了良好的实践基础。

二、雄才伟略的政治家

王安石作为北宋著名的政治家，胸怀安定天下的大志，以富国强兵为己任，因变法而闻名，领导了北宋历史上规模最大的改革运动，史称"王安石变法"。王安石是中国古代史上有定评的三大改革家之一。

王安石所处的年代，正值中国古代北宋王朝统治的中期，面临着内忧外患、民不聊生的艰难困境和国家"三冗"（冗官、冗兵、冗费）的积贫积弱局面，王安石以"天变不足畏，祖宗不足法，人言不足恤"的"三不足"的斗争精神来实现其政治抱负。早在地方为官期间，王安石就勤奋读书，尤爱钻研书中的政治对策，考虑为当下的政务所用，并在小范围内进行试点。比如在鄞县推广青苗法，取得了良好效果，极大地激励了王安石，使他笃信以《周礼》为蓝本的社会变革一定能够实现其内心深处国富民强的政治抱负。为此，王安石上书宋仁宗，针对当时弊端，极陈当时之务，阐述自己全面改革的思想与规划，但没被仁宗采纳。治平四年（1067），久慕王安石之名的宋神宗即位，起用王安石为江宁知府，旋即诏为翰林学士兼侍讲。熙宁元年（1068）四月，王安石再次提出全面改革的构想，并勉励神宗效法尧舜，简明法制。熙宁二年（1069）二月，王安石被任命为参知政事，提出当务之急在于改变风俗、确立法度，提议变法。神宗赞同，设立主持变法的机构制置三司条例司，颁行新法开始变法，史称"熙宁新法"。

为实现"富国强军"的改革目标，新法以"理财""整军"为中心，涉及政治、经济、军事、社会、文化各个方面，但主要在两个方面集中发力：一是在经济方面实行均输法、青苗法、市易法、免役法、方田均税法、农田水利法等，主要目的是在发展生产、均平赋税的基础上，增加财政收入，充裕国库，缓解尖锐的社会矛盾。二是在军事方面实行置将法、保甲法、保马法等，主要是为了提高军队战斗力，增强国力，彻底改变西北边防长期以来屡战屡败的被动局面。新法艰难推行10余年，取得较好成效。但在推行过程中部分举措不当，地方执行中又出现种种偏差，让老百姓利益受到损害（如保马法和青苗法），特别是触动了大地主阶级的根本利益，遭到强烈反对。元丰八年（1085），变法因宋神宗去世而告终。

故革

舒同为王安石纪念馆题词

王安石变法虽然以失败而告终，但从变法中我们看到了他要求改变现实的雄心壮志和治国平天下的雄才伟略。他在变法过程中表现出来的忧国忧民、勇于探索、锐意创新、敢于担当的改革精神，是留给后人的宝贵精神财富。其中一些改革举措甚至产生了国际影响，列宁高度评价了王安石的改革举措，称他为"中国 11 世纪的改革家"。1944 年美国副总统华莱士到访中国时说过，美国在 20 世纪大萧条时代政府实行的农民农业贷款政策，就很像当年王安石推行的青苗法。

三、举才济世的教育家

王安石不仅是忧国忧民的政治家，而且是具有远见卓识的教育家。王安石变法实现了国家由"积贫积弱"向"富国强军"的转变，体现了王安石作为改革家的价值。他巨大的贡献还体现在教育方面。王安石一生虽然没有专职任教，但他秉承举才济世的教育理念，从变法的需要出发，选才荐才为我所用，顺时应势创办新学，试图挽救国家于危亡之中，施行了一系列教育改革措施，充满创新精神，历史上称为"熙宁兴学"。

游褒禅山记

褒禅山亦谓之华山，唐浮图慧褒始舍于其址，而卒葬之，以故其后名之曰褒禅。今所谓慧空禅院者，褒之庐冢也。距其院东五里，所谓华山洞者，以其乃华山之阳名之也。距洞百余步，有碑仆道，其文漫灭，独其为文犹可识曰“花山”。今言“华”如“华实”之“华”者，盖音谬也。

其下平旷，有泉侧出，而记游者甚众，所谓前洞也。由山以上五六里，有穴窈然，入之甚寒，问其深，则其好游者不能穷也，谓之后洞。余与四人拥火以入，入之愈深，其进愈难，而其见愈奇。有怠而欲出者，曰：“不出，火且尽。”遂与之俱出。盖余所至，比好游者尚不能十一，然视其左右，来而记之者已少。盖其又深，则其至又加少矣。方是时，予之力尚足以入，火尚足以明也。既其出，则或咎其欲出者，而予亦悔其随之而

明万历刊本《王临川文集》　王安石　著

1. 改革科举考试制度

熙宁四年（1071），改革科举制度，废除了明经科，增加了进士科名额，考试内容为本经、兼经和策论，要求考生联系当前实际参加经义策论的考试，不再录用只会吟诗作赋的人，而是录用懂得经世之术的人，把科举的立足点放在选拔具有经纶济世之志和真才实学的人，从而扩大了人才选拔的范围。

2. 改革教育体制机制

一是改革太学，创立太学三舍法。宋初太学机制不完善，经过整顿，

太学规模方渐完备，管理办法趋于细密。创立"三舍法"，把太学分为外舍、内舍、上舍，学生按程度分为三等，使学校不仅承担养士任务，而且具有取士职能，让太学养士与入仕做官直接挂钩，使学校成为选官制度的一个重要组成部分，极大提高了学校教育的地位，使中国古代教育事业向前迈进了一大步。二是整顿地方学校，恢复和发展州县地方学校。三是恢复和创设武学、律学和医学等专门学校，以培养专门人才。

3. 编写统一太学用书

王安石和弟子一道，重新注释《诗经》《尚书》和《周礼》，编撰《三经新义》作为太学统一用书，使其成为必读教材，并成为科举考试的内容和标准。

王安石的教育改革最特别的地方在于用学校教育取代科举考试，从而为国家养"士"选"仕"。熙宁兴学最大的亮点是王安石设立的三舍法，其对北宋教育制度的形成及宋代中后期教育产生了深远的影响。王安石这些教育改革措施对于当前我们深化教育改革、倡导教育创新、全面实施科教兴国的伟大战略仍具有重要的启示作用。

四、才华横溢的文学家

王安石既是具有经天纬地之才的大政治家，也是满腹才情的大文学家，和韩愈、苏轼等人并称唐宋八大家，有《王临川集》《临川集拾遗》《临川先生文集》等作品存世。北宋文坛领袖欧阳修曾高度赞美王安石的文学造诣："翰林风月三千首，吏部文章二百年。老去自怜心尚在，后来谁与子争先。"（《赠王介甫》）可见，王安石在北宋文坛上具有崇高的威望。

一是主张文道合一。

王安石为了实现自己的政治理想，把文学创作和政治活动密切地联系起来，强调文学的作用首先在于为社会服务，强调文章的现实功能和社会效果，主张文道合一。他的散文贯彻了他的文学主张，揭露

王安石画像 佚名 绘

时弊，反映社会矛盾，具有较浓厚的政治色彩。王安石的短文，直陈己见，简洁峻切，短小精悍，形成了"瘦硬通神"的独特风貌。

二是诗歌自成一体。

王安石以其广博的学识、圆熟的语言技巧、自然含蓄而又精巧凝练的风格，自成一家，世称"王荆公体"。后来以黄庭坚为首的江西诗派，受王安石的影响很大，突出才学为诗的偏向。其诗歌大致以熙宁九年（1076）第二次罢相为界分为两个阶段，前期创作主要是"不平则鸣"，注重反映社会现实和下层人民的痛苦，把自己渴望济世匡俗的理想抱负写进了诗中，如《感事》《河北民》《收盐》等诗，倾向性十分鲜明，风格直截刻露，表现了他主张革除弊政、关心民生疾苦的进步思想和博大胸怀。后期创作"穷而后工"，致力于追求诗歌艺术，注重炼意和修辞，以丰神远韵的风格在当时诗坛上自成一家。

三是创立荆公新学。

为了实现"致大同"的社会理想，王安石潜心研究经学，著书立说，创立"荆公新学"，主持修撰《三经新义》并作为教材和科举取士标准，颁布到全国各级学校实行，促进宋代疑经变古学风的形成。荆公新学把"道"作为最基本的哲学基础，在社会治理方面强调变革和济世从政的方略和对策，成为王安石日后变法的指导思想和理论基础。

从文学角度看，王安石的作品，无论诗、文、词都有杰出的成就。北宋中期开展的诗文革新运动，在他手中得到了有力推动，他对扫除宋初风靡一时的浮华余风作出了贡献。清代文人蒋士铨对他的文学成就作了高度评价："千钧笔力气嶙峋，一代文章侍从臣。"

王安石因为变法彪炳史册，但也因为变法成为历史上一位极具争议的人物，人们对他褒贬不一。他时而是配享孔庙的除孔孟之外的"第三贤人"，时而又是导致北宋亡国的"万世罪臣"。但无论如何，王安石故里——抚州市东乡区上池村，现存有世宦祠、西引寺、龙安殿、荆公桥、荆公陂、荆公别墅、"荆国世第"门楼等10余处与王安石相关的遗迹，政府还花费巨资修建了王安石纪念馆让世人缅怀这位仁人才子。王安石虽然是一位封建士大夫，但他身上却有许多值得后人学习的优秀品质和优良作风。比如，严以自律、体恤民情，不计名利、不徇私情，不畏艰险、勇于改革，不畏人言、敢于担当，等等。今天，人们在怀念王荆公风貌的同时，更应做的是传承好他的精神，运用好他的思想，努力谱写中华民族发展的历史新篇章！

诗书双绝黄庭坚

黄庭坚（1045—1105），洪州分宁（今江西省九江市修水县）人，北宋著名诗人、词人、书法家，字鲁直，号山谷道人，晚年号涪翁。曾任知县、知州、起居舍人、国史修编官等职，后被追封为龙图阁大学士，谥号"文节"。黄庭坚一生为官清正，治学严谨，以文坛宗师、孝廉楷模垂范千古。

一、少年聪慧显才华

黄庭坚出身于书香门第。庆历五年（1045），黄庭坚出生于洪州分宁双井村。双井黄家是世家望族，自古人才辈出，仅宋代就出了48位进士，其中4人官至尚书，被誉为"华夏进士第一村"。双井黄家崇学好文的风尚，为黄庭坚的成长营造了一个良好的学习环境。

黄庭坚自幼聪颖过人，有着极高的文学天赋，有过目不忘之能。相传黄庭坚满周岁"抓周"时，在众多物品中抓起了一管毛笔不愿放下，众人齐赞小庭坚是一块读书做官的料，这也似乎预示了他将来会成为一名大书法家。"坚幼警悟，读书五行俱下，数过辄忆"，他5岁开始接受启蒙教育，能够背诵《诗经》《论语》等儒家经典。他7岁时写了一首《牧童》诗："骑牛远远过前村，吹笛风斜隔岸闻。多少长安名利客，机关用尽不如君。"豪气冲天，令人惊叹。

黄庭坚的成才也得到了亲人的悉心教诲。舅舅李常对黄庭坚青眼相加，关爱异常，经常给他讲解经书及诗歌声律、音韵方面的知识，特别是讲述杜甫和陶渊明的诗，往往令小庭坚听得入迷，让他受益匪浅。在李常身边的三年时间里，黄庭坚博览群书，不仅精心研读儒家经典，而且广泛涉猎前人和今人的诗文著述，打下了深厚的学术根基。

黄庭坚
(1045-1105)

通过李常引荐，黄庭坚在扬州认识了著名的文学家和诗人孙觉。在孙觉与王平甫的一场诗歌争论中，孙觉发现了黄庭坚的才华，十分欣赏这位聪颖少年，并将女儿许配给他。在孙觉的帮助下，黄庭坚学业大进，宋英宗治平三年（1066）参加乡试，荣登榜首。主考官李询击节称绝，谓"此人不惟文理冠场，异日当以诗名擅四海"。由此可见，早年的黄庭坚是一个意气风发、才华横溢的"英俊少年"，注定了未来不同凡响。

二、傲骨正气崇本真

黄庭坚是中国文化史上的大师和巨匠。他一身傲骨，正气凛然，无论是做官、做学问，为师、为友，都人品如玉，一生淡泊名利，旷达乐观，堪称人格表率，成就了一代宗师的地位。黄庭坚一生从政，受家庭的熏陶和家学的影响，是一位清正廉明的好官，有着强烈的施仁政、抚黎民、建功业的思想。在治平四年（1067）登进士第后，他前往汝州叶县（今河南省平顶山市叶县）担任县尉一职，从此迈出仕途上的第一步。在泰和（今江西省吉安市泰和县）知县任内，他整吏治、抗盐税、察民情，被百姓称为"黄青天"。他在泰和留下了"落木千山天远大，澄江一道月分明"（《登快阁》）的著名诗句。泰和百姓感念其德，有很多公路、学校、商店等以黄庭坚的字号"山谷"命名。他坚持平易宽简的施政理念，关注民生疾苦，呵护百姓利益，倡导"当官莫避事，为吏要清心""不以民为梯，俯仰无所怍"的从政主张，深受百姓爱戴，并亲书《戒石铭》用以自警，得到宋高宗的褒扬，作为典范推行全国。

黄庭坚才华横溢，但他率性耿直的性格，使得他一生仕途坎坷，多次被贬。北宋元丰七年（1084），因直言反对一些变法主张，他被贬为监镇官。后陷朋党之争，他始终不承认有错，也不请求赦免宽大，再次被贬。在颠沛流离的官宦生涯中，他先后被贬到涪州、黔州和戎州，最后羁管在宜州，靠朋友接济度日。"四顾山光接水光，凭栏十里芰荷香。清风明月无人管，并作南楼一味凉"的诗句是其贬谪生活的真实写照。尽管这样，他从未叹息命运不公，而是读书怡情、练字不辍，自得其乐，还为破败不堪、风雨无遮的戍楼取了个十分雅致的名字——"喧寂斋"。一身傲骨，不坠名节，这就是黄庭坚在流放生涯中的精神状态，其凛然正气令人叹服！

黄庭坚是一位大孝子，"二十四孝"里有一个"涤亲溺器"的故事，讲的就是黄庭坚孝母。其母有洁癖，甚至忍受不了马桶的异味，他数十年如一日，为母亲清洗便桶，从不间断。母亲生病的时候，他嘘寒问暖，四处寻医问药；母亲病危的时候，他更是衣不解带，亲尝汤药，丝毫不敢懈怠，日夜侍奉在病榻前，无一刻不尽人子之道。苏东坡赞叹他"孝友之行，追配古人"。"涤亲溺器"孝行感人至深，向世人无声地彰显着圣贤的德行风范，对后世产生了深远而积极的影响。

泰和快阁

黄庭坚一生奉行"为官爱民、为友真挚、为子孝行、为长仁爱"的为人准则，光明磊落，一身正气，表现了士大夫的松柏气节。黄庭坚死后谥为"文节"，可见朝廷对黄庭坚气节的推崇。南宋时，黄庭坚的同乡、右丞相章鉴回乡时，深怀对黄庭坚大节的尊崇，写下了"半夜过双井，不敢见先生"的诗句。

黄庭坚长于仕宦之家，自小形成了"超世而不避世"的思想情怀，构建了"俗里光尘合，胸中泾渭分"的独特人格，形成了"达则兼济天下，穷则独善其身"的完美品格。屡遭挫折而心地泰然，即使贫无立锥之地仍充满乐观，以所行证所思，实践了自己崇尚本真的道德标准。

三、开宗立派领风骚

江西诗派是当时最大的诗派，影响深远。黄庭坚作为江西诗派的鼻祖，起到了开宗立派的作用。

一是提出了诗歌主张。黄庭坚继承了杜甫的现实主义传统，推崇《孟子》，崇尚道义，认为诗应以道义为本，始终以天下社稷为重，诗应因时而作，既反映时事，同时又能有补于世，将诗的主体性、抒情性结合起来，解决了诗与道的关系问题。黄庭坚具有强烈的求新求变自觉意识，提出了"以故为新、以俗为雅"等诗学理论，总结出一套诗歌创作的训练方法，主张诗以"不俗"为高，脱"俗"向"雅"的关键在多读书，"腹有诗书气自华"，开创了宋代诗坛的全新时代。

二是进行了创作实践。黄庭坚在创作实践中极力推崇杜甫，把晚期杜甫诗视为宋诗美学理想的参照典范，提出了"夺胎换骨""点铁成金"的诗学主张，既学习前人，又讲究技巧，做到超越前人而自成一家，从而达到"不烦绳削而自合"的境界。首先注重字法。黄庭坚作诗极其注重炼字，用字讲究"无一字无来处"，做到"一字一句，必月锻季炼，未尝轻发"。如《登快阁》中"快阁东西倚晚晴"的"倚"，"万里归船弄长笛"的"弄"，都有余味无穷、出人意料的效果。其次重视句法。黄庭坚在诗歌创作中注重观摩前人的句法并加以创新，

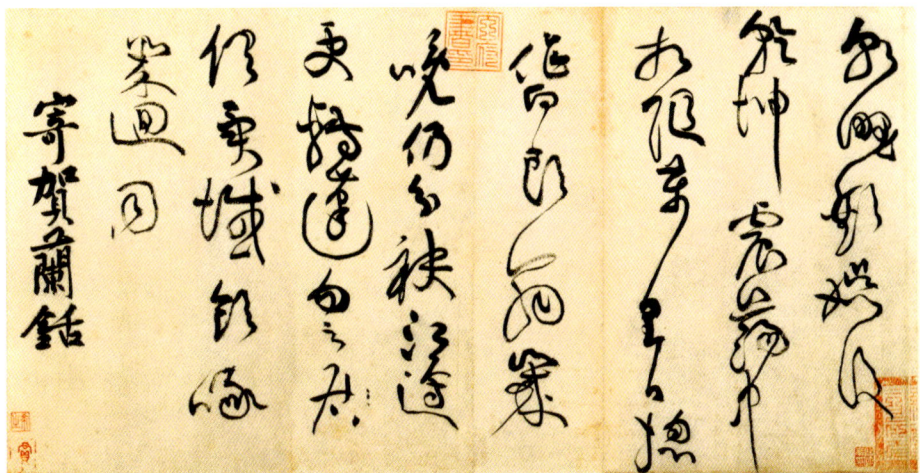

杜甫寄贺兰铦诗 黄庭坚 书

提出了"句眼"的理论，用来锤炼创作具体的诗句。黄庭坚所谓的"句中眼"也就是后人所说的"诗眼"，句有眼则立得住，诗有眼则韵自胜。如在《送顾子敦赴河东》"无人知句法，秋月自澄江"诗句中，可以看出黄庭坚诗的句法简易，如秋月澄江，明晰可感。最后讲究章法。"文章必谨布置"，黄庭坚作诗讲究谋篇布局，并注重结构安排和技巧表达，包括诗歌结构中的"起承转合"和各部分内在的逻辑关系，"作诗正如作杂剧，初时布置，临了须打诨，方是出场"。

三是产生了深远影响。北宋时期，黄庭坚、张耒、晁补之、秦观一起游学于苏轼门下，得到苏轼的推介，都名满天下，史称"苏门四学士"。其诗学理论直接促成了江西诗派的产生。黄庭坚推崇杜甫为江西诗派的"一祖"，他自己与陈师道、陈与义一起形成了江西诗派的"三宗"。作为江西诗派领军人物的黄庭坚是"三宗"之首，取得了重大的创作成就，形成了独特风格，号称"庭坚体"。他的影响最大，"一诗一文出，人争传诵之"，将其奉为江西诗派的领袖实不为过。

总之，黄庭坚在江西诗派中诗名最盛、诗论最佳，被认为是江西诗派的开创者，有众多追随者和爱好者。其文当如苏轼所说："瑰玮之文，妙绝当世。"

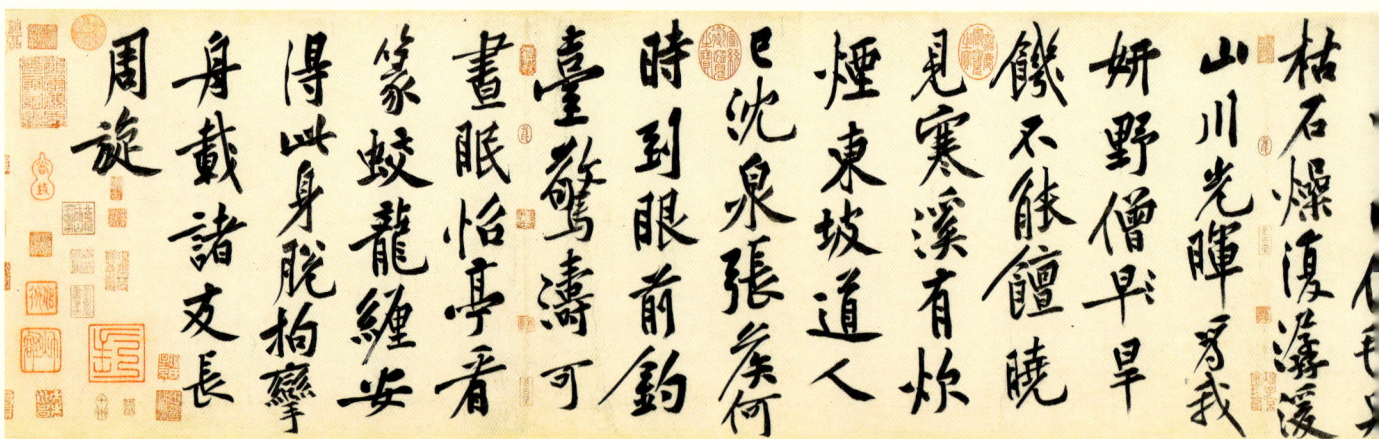

松风阁诗帖 黄庭坚 书

四、千年书史第一家

黄庭坚既是江西诗派的开山鼻祖，也是一代书法宗师，其书法学古出新，独具一格，善行草书，楷法亦自成一家，与苏轼、米芾、蔡襄并称为"宋四大家"，被后人推举为"千年书史第一家"。

北宋书法是唐以后书法艺术的又一座高峰。黄庭坚虽然在"苏黄米蔡"四大家中名列第二，但他行、草皆好，尤其是草书成就最高，是北宋书坛当之无愧的"执牛耳者"。如果综合比较，黄庭坚的书法成就无人能及，形成了自己的独特风格。以他成就最大的草书为例，他曾经说过他学习草书经历了三个阶段：年轻时学周越，学了20年，还是摆脱不了俗气；中年学苏舜元（才翁）和苏舜钦（子美）兄弟，乃得古人笔意；晚年学张旭、怀素、高闲，才真正明白古人用笔的奥妙。

黄庭坚有其独特的书法思想。他认为书格即人格，心中有道义，下手才可贵。所谓欲书法高妙，须苦读圣贤书，学好书法的前提是读好圣贤书。他师从苏轼，书法受苏轼影响较大，他赞美苏轼的字没有俗气、韵味无穷，但又不是全盘照抄，在苏字基础上又进行了创新发展。黄庭坚重法又不拘于法，主张"法外之理"，常以"韵"来体现其淳朴平淡的"自然"，把禅宗的"悟"引入书法研习中，利用自然造化之功打通手和心的隔阂，做到内省外悟。在悟法中，找到禅境和书法的绝妙关联，由禅悟散淡之境，到书法的散淡之境，缘禅入书，将书法上升到精神层面，做到字中有"意"、胸中有"禅"，达到一种"超

220

逸绝世"的境界。如他在船上观察"长年荡桨"和"群丁拨棹",因而大悟笔法,形成了一种独特的字体——中宫紧固、左右张扬的呈放射状的"黄体",成就了黄庭坚杰出的书法艺术地位。

书法是体悟当下、观照时代的产物。黄庭坚求新思变,善于感受时代的气息,不断追求创新。黄庭坚根据书桌增高的情况,提出改革执笔和书写方式,主张四指握笔和悬腕书写,这样写字不仅字体遒劲有力,而且挥洒自如,成为今人练字的主要书写方式。从黄庭坚传世的作品看,他的小字手札、大字行书都不错,但草书尤佳。最能体现其独特风格的是大字行书,如《松风阁诗帖》,长波大撇,丰神洒脱,尤其是他的颤笔,真可谓"前无古人后无来者",绝妙无伦。若从文化价值来看,则首推草书,黄庭坚的草书理论和实践对于推动北宋草书发展起到了不可替代的作用。他的草书,学唐不似唐,以意运笔,从容娴雅,别有一副"新面目";他的狂草境界最高,如《李白忆旧游诗草书卷》,随心所欲,大开大合,但法度严谨,收放自如,成为年高手硬之作。

黄庭坚的诗歌和书法风格十分鲜明,二者达到了文学和书法审美上的一致性。其诗能摆脱死板的律体,自成山谷体,使其成为江西诗派的领军人物。其书法楷、行、草皆妙,草书尤奇伟,具有历久不衰的魅力。黄庭坚晚年书风成熟时期的大字行楷书代表作《砥柱铭》,2010 年在北京经过 70 轮竞价,拍出 4.368 亿元的"天价",创下了

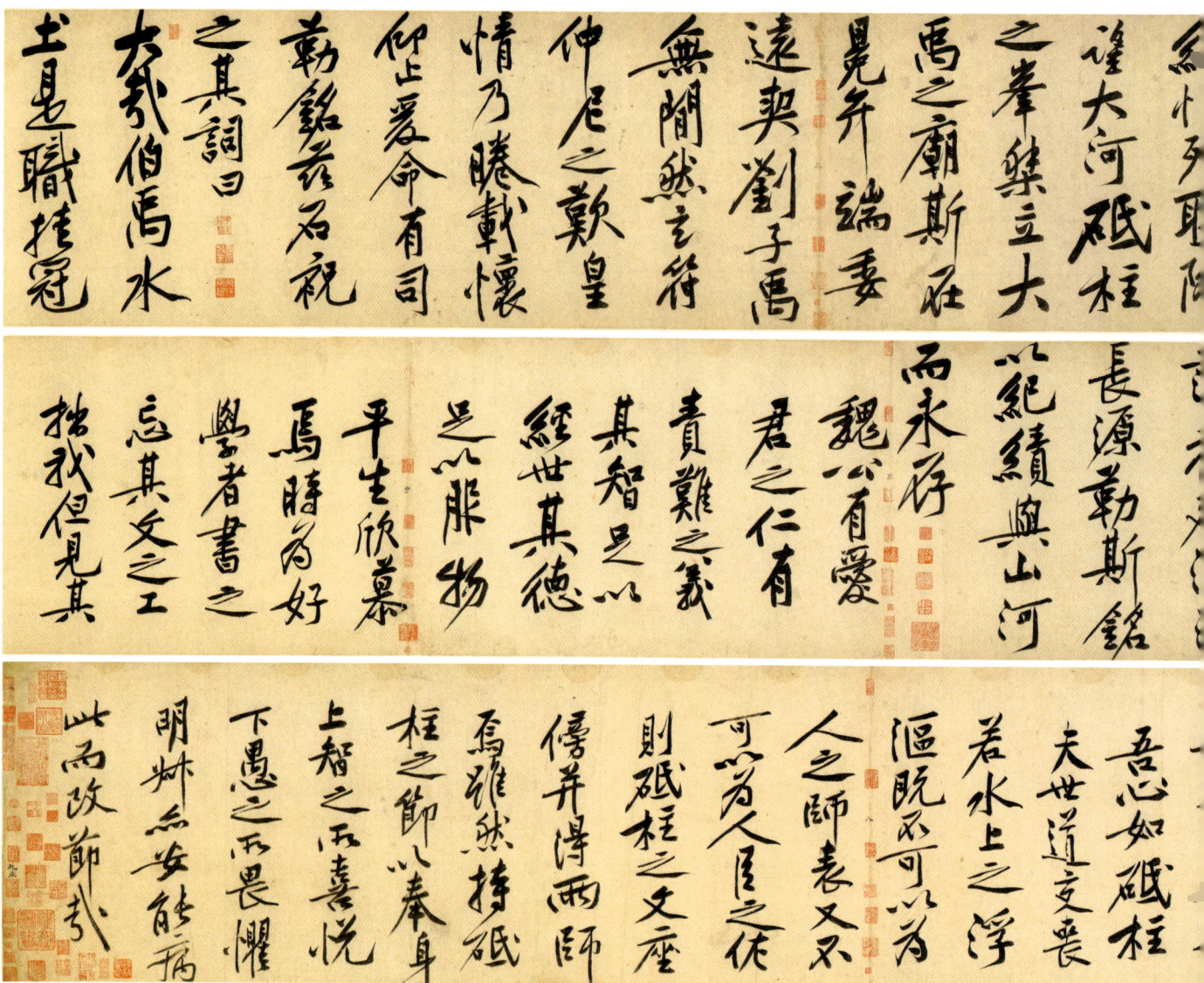

砥柱铭 黄庭坚　书

中国书法艺术品拍卖成交价的世界纪录，在中国书法史、艺术史乃至文化史上有着非同寻常的地位和意义，至今未被超越。

砥柱精神，光耀千秋。近年来，黄庭坚成为社会广泛关注的历史人物。为了纪念这位历史文化名人，修水县修建了黄庭坚纪念馆，馆内有山谷祠、九曲回廊、澄秋阁、顺济亭、冠云亭、诗词碑廊、书法碑廊以及濂山书院等人文景观。中央纪委国家监委网站推出《江西修水黄庭坚：遗子万金不如教之敦睦》，把黄庭坚作为孝廉楷模，重点

維十有一年　皇帝御天下
之十二載也　道被墳壤中威加
海外六合同軌　八荒有截功成
名定時和歲　阜越二月東
巡狩至于洛　邑肆覲禮
早玉鑾旋　輪度龍函之
……奏之也

莫顧過門不　息讓德彌縟
龍雅功益稷　襄陵伊始事
非食湯方割　櫛風沐雨旱雩
極名正圖窮　壑興利除
害為綱有紀　寢廟為新盈
德必祀傍臨……

嬌媚者也吾　友楊明叔
知經術能　詩喜屬文
吏幹公家　如己事持
身清潔不　諫言以奉
于上智亦不　以驕惰以詆
以下愚可告　於下愚之事
業者也教者

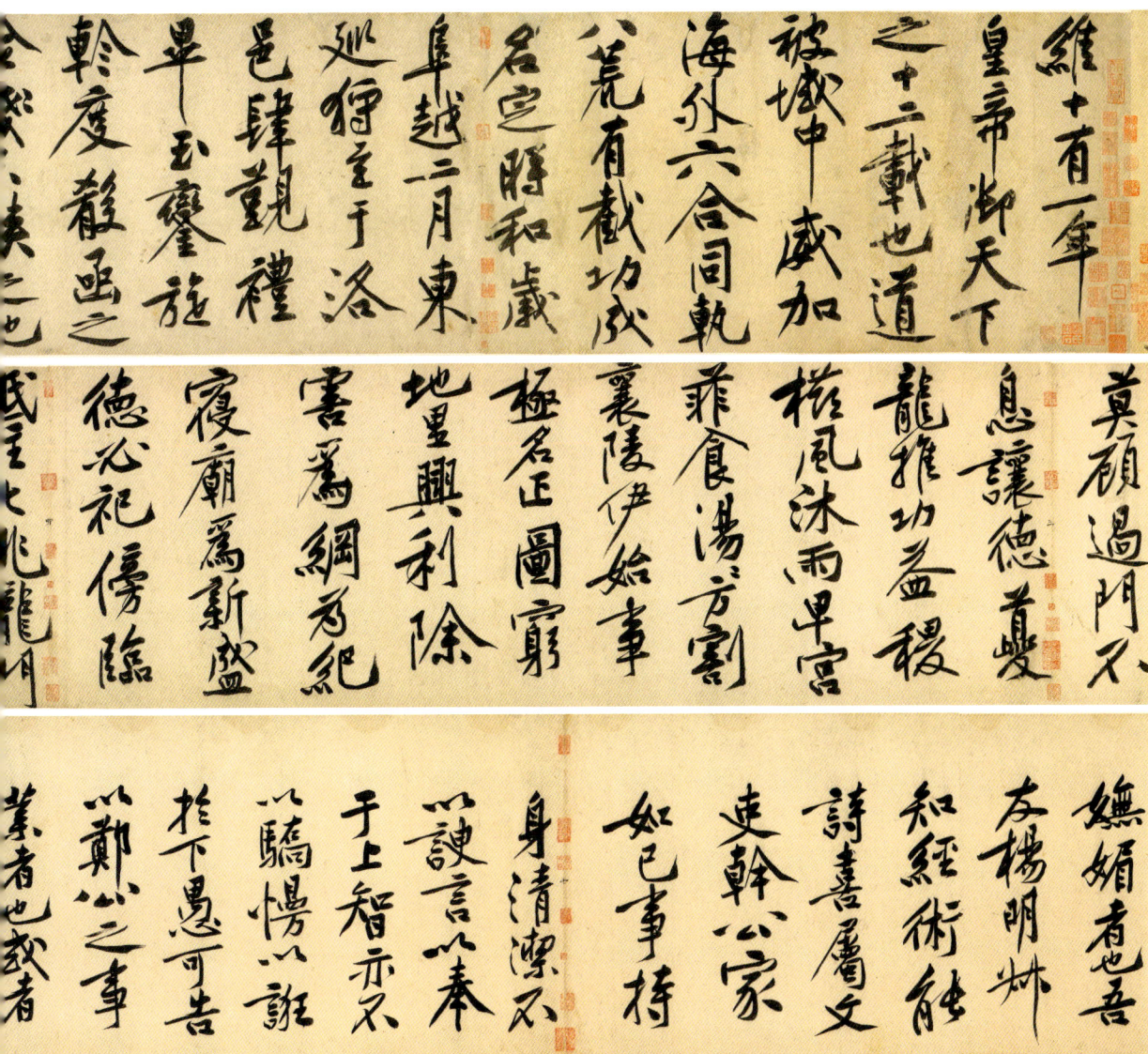

介绍了黄氏家规和黄庭坚的从政理念，具有深刻的现实教育意义。

文以载道，书以焕采。2014 年习近平总书记在文艺工作座谈会上的讲话中引用了黄庭坚的诗句"随人作计终后人，自成一家始逼真"。我们广大文艺工作者应该勇于创新，用中国风格、中国气派的优秀作品回应人民呼唤，讲好中国故事，弘扬中国精神，书写展现伟大时代的新篇章。

正气丹心文天祥

文天祥，字宋瑞，一字履善，号文山，南宋端平三年（1236）生于江西庐陵（今江西省吉安市），南宋末著名的政治家、文学家、爱国诗人，抗元名臣，与陆秀夫、张世杰并称为"宋末三杰"。

一、乱世状元

文天祥出生前两年，崛起于北方草原的蒙古联合南宋，共同灭掉了金国。在蒙古强大而金、宋弱小的情况下，三国鼎立或许还能对蒙古有所制衡；金国既灭，虚弱的南宋不得不独自面对虎视眈眈的蒙古。随着忽必烈灭大理，南宋从此陷入了蒙古的南北夹击中，国势愈发艰危。

文天祥出生时，南宋和蒙古的战争已经拉开序幕，但战火尚未波及庐陵，他在还算平静的家乡度过了一段美好时光。文天祥的父亲文仪喜爱读书，也很重视孩子们的学业，想方设法聘请名师对孩子们进行教育。文天祥无论寒暑都要在贴满格言警句的书斋中与弟弟一起诵读、写作、谈古论今。年少的文天祥对"忠"就非常景仰，还是童子时，文天祥看到学校祭供的同乡先辈欧阳修、杨邦乂、胡铨像，了解到他们的谥号都为"忠"，便立志要向他们学习。

南宋淳祐元年（1241），吉州知军江万里于白鹭洲创办书院，聘请宿儒欧阳守道为山长。15年后，赣江春潮初涨时，20岁的文天祥从家乡庐陵县富田镇来到白鹭洲书院，跟随欧阳守道学习。

与同时代的大多数读书人一样，文天祥的人生轨迹就是读书、参加科举考试、做官。18岁时，文天祥参加庐陵乡试获第一名；20岁时，文天祥参加礼部省试中选吉州贡士；仅仅一年多后，文天祥随父前往临安（今浙江省杭州市）参加科举考试的最高一级考试——殿试。

此次殿试的考题要求考生阐述一段理学观点，指出时局之弊，并

文天祥纪念馆

提出对策。文天祥针对当时的政务逐渐懈怠这一弊病，以遵循天意不懈怠作答，提出改革方案，表述政治抱负。文天祥的答卷长达 1 万多字，他未打草稿，一气呵成。

按照规定，主考官阅卷后，须将前 10 名的卷子交由宰臣复审，再呈送皇帝确定名次。文天祥名列第七，答卷被送到了宋理宗的手里。考官王应麟奏道："是卷古谊若龟鉴，忠肝如铁石，臣敢为得士贺。"宋理宗阅毕，对文天祥的观点和才学大加赞赏，将他擢为第一名，并御笔写下一首《赐状元文天祥已下诗》："道久于心化未成，乐闻尔士对延英。诚惟不息斯文著，治岂多端在力行。华国以文由造理，事君务实勿沽名。得贤功用真无敌，能为皇家立太平。"

当时的宋朝，在蒙古强大的军事压力下已苦撑多年，朝廷非常渴望能有一批有理想、有抱负、有才干、肯担当的青年才俊。文天祥的出现，令当朝者仿佛看到了希望。

二、临危受命

正当文天祥有机会施展他报国救民的宏大抱负之时，其父亲不幸病故。古代中国以孝为先，依礼制，文天祥归家守丧三年。

南宋开庆元年（1259），文天祥接到朝廷授官的诏旨。此时，南宋和蒙古的战事相当吃紧，而南宋皇帝嗜欲怠政、不思振作，官场中佞臣当道。同年，蒙古军队进攻南宋。宦官董宋臣游说皇帝迁都，满朝文武都不敢说他不对。文天祥时任宁海军节度判官，上书"乞求斩处董宋臣，使民心一致"。文天祥多次上书直言，却受到不少打击和诽谤。面对官场失意和岁月蹉跎，文天祥曾有诗云："修复尽还今宇宙，感伤犹记旧江山。近来又报秋风紧，颇觉忧时鬓欲斑。"从中可见，他始终怀有一腔忠贞报国的赤诚。

南宋咸淳七年（1271），忽必烈结束了蒙古内部争夺汗位的自相残杀局面，建立了元朝，继续攻打南宋。咸淳九年（1273），元军攻下襄阳、樊城，以此为突破口，顺江而下，两年便兵临南宋首都临安。

元军所过之处，尸横遍野，血流成河，农田荒废，百业凋敝，这是一场空前残暴的、野蛮的战争，南宋面临着亡国灭种的严重威胁。但南宋朝廷却长期为投降派所把持。早在 1259 年，南宋丞相贾似道便以称臣、割江北地区和岁纳银 20 万两、绢 20 万匹为条件，暗中屈膝求和。而忽必烈意在灭宋，却并未真正停止南征作战。

南宋德祐元年（1275），贾似道的 13 万大军被消灭，朝廷便再无可用之兵。此时宋恭宗在位，年仅 4 岁，太皇太后谢氏临朝听政，不得不发出《哀痛诏》，号召天下四方迅速举兵"勤王"。文天祥当时正担任赣州知府，他"捧诏涕泣"，并立即变卖家产，招募义士，在两三个月内便组织了第一支"勤王"队伍近万人，费尽千辛万苦，几经周折赶赴都城临安，应诏"勤王"。但是，朝中大臣对文天祥并不信任，命其前往平江府(今江苏省苏州市)守卫。后因朝廷部署失策，平江府失守，才不得不让让文天祥回到临安。

德祐二年（1276）正月，元军围困临安。太皇太后看大势已去，急忙遣使携带传国玉玺和皇帝降表，向元朝丞相伯颜请降。当晚，右丞相陈宜中逃跑，其他主要官员也率兵撤离。第二天早晨，文天祥临危受命，出任右丞相，与左丞相吴坚等赴伯颜大营议和。

文天祥在伯颜面前慷慨陈词，据理力争。面对伯颜的恐吓，他面无惧色地回答："吾乃南朝状元宰相，但欠一死报国，刀锯鼎镬，非所惧也！"文天祥还曾在元营赋《纪事》诗："三宫九庙事方危，狼子心肠未可知。若使无人折狂虏，东南那个是男儿。"

降元的南宋守将吕文焕为讨好伯颜，前来劝说文天祥。文天祥怒不可遏，痛斥其为乱贼。吕文焕以自己苦守襄阳六年而朝廷不予施救为自己辩解，文天祥厉声喝道："力穷援绝，死以报国，可也。"

文天祥表现出的大无畏气概，使得伯颜对他不得不另眼相待，并想利用他的声望去进一步收拾南方残局。于是，伯颜派人劝降文天祥："大元将兴学校、立科举，丞相在大宋为状元宰相，今为大元宰相无疑。"却遭到文天祥的断然拒绝。

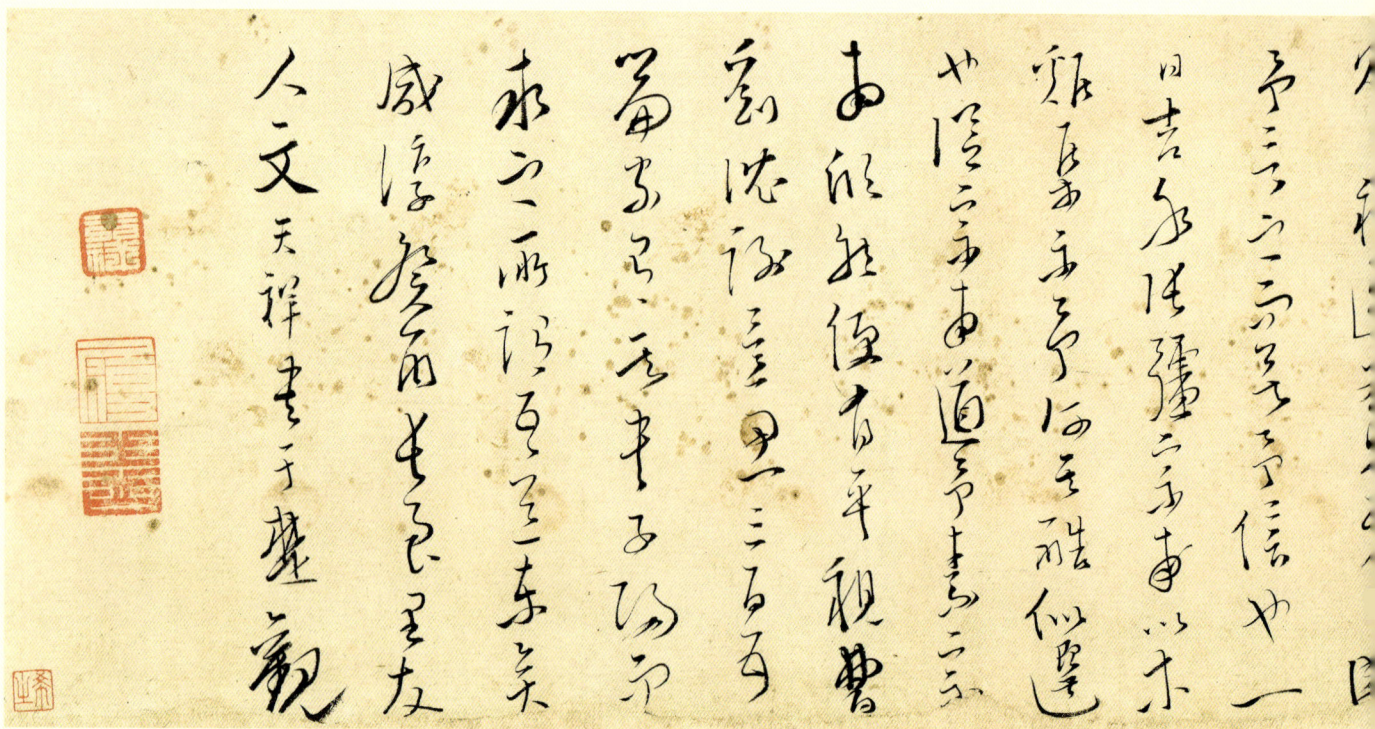

谢昌元座右自警辞 文天祥 书

三、旷世问答

伯颜见文天祥不肯屈服，便将他扣留在军营中，其他大臣签订降书后于次日返回临安。之后，文天祥被押往大都（今北京），所幸于途中趁机逃脱。历尽艰险之后，文天祥泛海南下温州，辗转来到宋端宗赵昰的行朝（皇帝临时驻处）福州。

不料，文天祥依然受到掌政者的排挤，只以同都督军马的身份先后在南剑州（今福建省南平市）和汀州（今福建省龙岩市长汀县）开府，重新组织军民抗元。文天祥到汀州后不久，福州失陷，小朝廷逃往广东。他随之转战漳州、梅州一带。南宋景炎二年（1277）五月，文天祥率兵进入江西，在雩都县（今江西省赣州市于都县）大败元军，收复兴国、吉州等地，一时声威颇盛。但元军旋即大举反攻，文天祥的妻儿和幕僚被俘，他因有义士替身受捕才幸免于难。

景炎三年（1278），文天祥带领残部，转战广东南岭一带。其时，20万不甘亡国的南宋军民在陆秀夫和张世杰的率领下辗转来到崖山（今广东省江门市崖门镇）。南宋军民伐木建屋，并为小皇帝和杨太后修建了一座名为慈元殿的行宫。一时间，小小的崖山一带，3000余

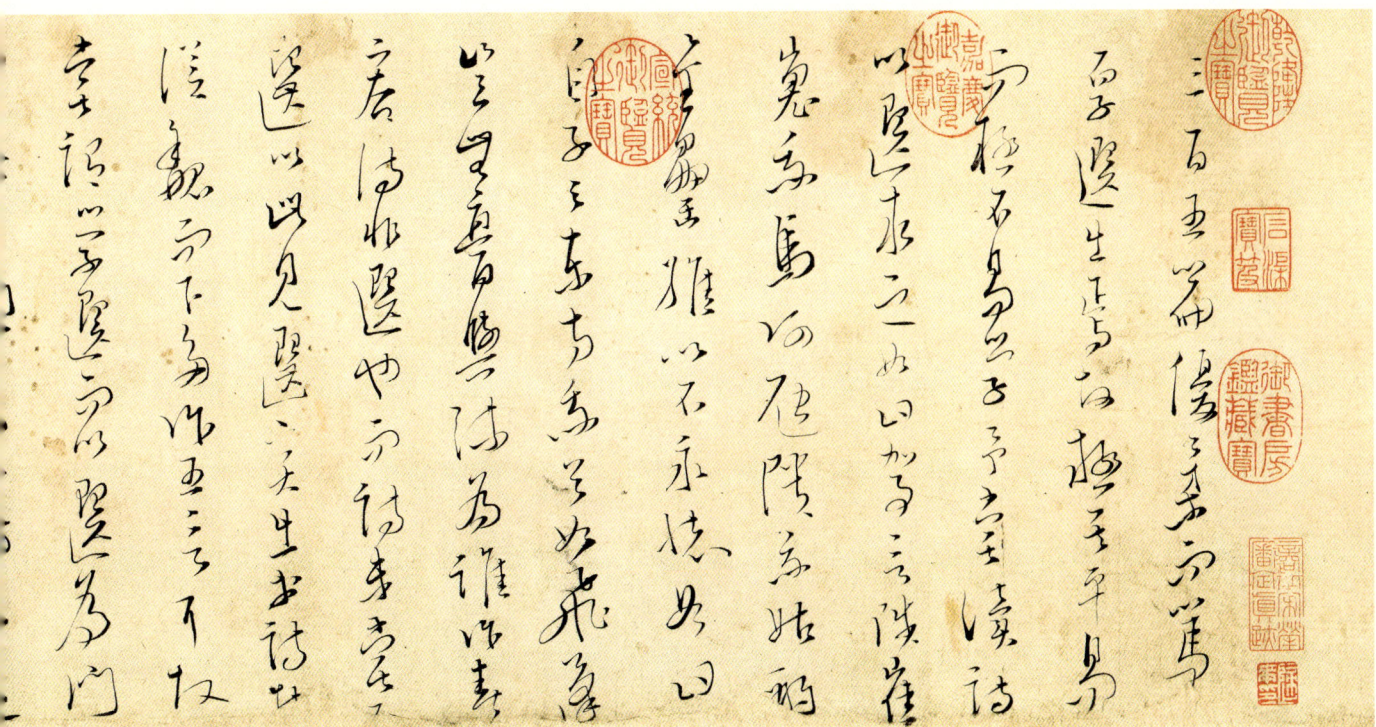

座房屋连绵起伏。六月，为摆脱元军的围追，文天祥要求赴援崖山行朝，遭到当政者拒绝。十二月，文天祥在今广东省海丰县北二里的五坡岭不幸被俘。元军主将张弘范下令把他押送到自己驻扎的潮阳。其时，张弘范正准备进攻崖山。当张弘范从潮阳赶往崖山时，特意把文天祥也带上了。

文天祥既是南宋丞相，又是状元出身；既是最具人望的知名人士，也是抵抗运动的主要领袖。如果能让文天祥投降并说服张世杰等人也放弃抵抗，必能起到事半功倍的作用。船队还航行在广东珠江口外的零丁洋时，张弘范便逼文天祥写信劝降。

文天祥的回答却是一首诗："辛苦遭逢起一经，干戈寥落四周星。山河破碎风飘絮，身世浮沉雨打萍。惶恐滩头说惶恐，零丁洋里叹零丁。人生自古谁无死？留取丹心照汗青！"这首光耀天地的《过零丁洋》，特别是诗中最后一句旷世问答（问："人生自古谁无死？"答："留取丹心照汗青！"）以磅礴的气势、高亢的激情，表达出文天祥为了国家安宁而愿慷慨赴死的民族气节和舍生取义的生死观，被称为千古不朽的爱国主义绝唱。

四、国难臣忠

崖山海战是南宋亡国的最后一战，战斗无比惨烈。宰相陆秀夫背负 7 岁的小皇帝蹈海自尽，后宫诸臣随之纷纷投海。杨太后在听说小皇帝遇难的噩耗后，也大哭着蹈水自尽。张世杰突围后遭遇飓风，溺水而死。这样，"宋末三杰"就只剩被俘的文天祥了。

元军船上的文天祥痛不欲生。他眼睁睁地看着宋军节节溃败，亲眼看到南宋政权的彻底覆灭："崖山之败，亲所目击，痛苦酷罚，无以胜堪。"当时，他也想跳海，但被元军所阻。崖山战后，胜利者张弘范大摆宴席，再次劝降。他对文天祥说："你效忠的大宋已经灭亡了，你作为臣子问心无愧了。你一心求死，可即便死了，又有谁记得你呢？如果你能像事大宋那样事大元，大元的丞相，非公莫属。"

文天祥流着眼泪回答说："国家灭亡却不能施救，做臣子的简直死有余辜，哪还能为了偷生而事二主呢？商朝灭亡了，但伯夷、叔齐义不食周粟，是为了尽到自己的忠义，绝不会因国家的存亡而改变。"张弘范听后，深为动容。他不仅在生活上优待文天祥，还把文天祥失散的奴仆想方设法找回来，送到文天祥身边。更重要的是，他向忽必烈上书，详细说明不能杀文天祥的诸般理由。

得知文天祥不肯受降后，忽必烈感慨道："谁家无忠臣。"并下令把文天祥押往大都。不过，文天祥却开始了绝食。他计划七八天后将行至家乡吉州时，自己就可以饿死尽节、归葬故里了。但押送的元军担心这个闻名天下的钦犯死在押送途中，便想尽一切办法要文天祥吃喝，最后给他硬灌流质食物。绝食八天后，文天祥依然未死，而故乡已过。既然不能死在故乡，那就只好活着。

从元朝至元十六年（1279）十月至至元十九年（1282）十二月，文天祥在大都度过了三载有余的囚禁生涯。起初，元朝以上宾之礼对待文天祥，劝降者络绎不绝：从在京的南宋降元君臣到元朝高官，走马灯似的充当说客。这中间，值得一提的有三次。

第一个是留梦炎。他也是个状元宰相，德祐元年（1275）十二月听到元军破独松关，就私自逃跑，不久投降元军。文天祥对此人无比鄙夷，提笔赋诗"龙首黄扉真一梦，梦回何面见江东"。"龙首"指的是状元，"黄扉"是宰相的办公场所。

第二个是已降被封为瀛国公的宋恭宗。此时，他也仅是一个9岁的孩童。宋恭宗来到牢房，还没开口说话，文天祥已经口称陛下哭拜于地，宋恭宗只得尴尬地打道回府。

第三个是元朝重臣平章政事（平章政事相当于副丞相，是从一品的高官）阿合马。他命文天祥下跪，文天祥毫不示弱，作揖就座回答道："南朝宰相见北朝宰相，岂能下跪？"阿合马故意问："你何以至此？"文天祥回答："南朝早用我为宰相，北人到不了南方，南人也到不了北方。"阿合马回顾左右说："此人生死由我定。"面对阿合马的生死威胁，文天祥直言："亡国之人，要杀便杀！"一番针锋相对后，原本趾高气扬的阿合马只得默然离去。

劝降不成，文天祥被戴上木枷，关入土牢。元世祖至元十七年（1280）春，他突然接到女儿的来信，才知道三年多杳无音讯的妻子、女儿都在大都。文天祥知道这是元朝打出的感情牌，只要自己投降便可与家人团聚。他强忍着悲痛，拒绝给女儿回信。在给自己妹妹的信中，文天祥谈及此事："人谁无妻儿骨肉之情，但今日事到这里，于义当死，乃是命也。"

五、浩然正气

狱中的生活很苦，可是文天祥强忍痛苦，写出了不少诗篇，气壮山河的不朽名作《正气歌》就是在狱中写就的。

至元十九年（1282）三月，元世祖任命和礼霍孙为右丞相。和礼霍孙提出以儒家思想治国，颇得元世祖赞同。于是，元世祖问群臣："南方、北方宰相，谁是贤能？"臣答："北人无如耶律楚材，南人无如文天祥。"于是，元世祖下了一道命令，打算授予文天祥高官显位。文天祥的一些降元旧友立即向文天祥通报了此事，并劝说文天祥投降，但遭到文天祥的拒绝。

至元十九年（1282）十二月初八，忽必烈亲自召见文天祥，他还想作最后的努力。文天祥对元世祖仍然是长揖不跪，元世祖也没有强迫他下跪，只是说："你在这里的日子久了，如能改变想法，用效忠宋朝的忠心对朕，朕可以封你为宰相。"但是，面对忽必烈开出的优越条件，文天祥却道："天祥受宋恩，为宰相。安事二姓？"末了，忽必烈无奈地问："汝何所愿？"文天祥对曰："愿赐之一死足矣。"

次日，文天祥被押解到大都城南的柴市刑场。大都的百姓不顾官府的禁令，纷纷赶来为文天祥送行，多达万余人，以至道路拥塞。监斩官问："丞相还有什么话要说？回奏还能免死。"文天祥喝道："死就死，还有什么可说的？"他问监斩官哪边是南方，有人给他指了方向，文天祥向南方跪拜，说："我的事情完结了，心中无愧了！"于是引颈就刑，从容就义，年仅 47 岁。文天祥死后，人们在他的衣带中发现一篇赞，里面写道："孔曰成仁，孟曰取义，惟其义尽，所以仁至。读圣贤书，所学何事？而今而后，庶几无愧。"

"经纶弥天壤，忠义贯日月。"文天祥胸怀忠贞报国之梦，临危受命，虽未能"挽狂澜于既倒，扶大厦之将倾"，但他舍生取义的爱国精神和视死如归的浩然正气一直为后人所称颂和敬仰。明朝名臣于谦赞词曰："殉国忘身，舍生取义。气吞寰宇，诚感天地。孤忠大节，万古攸传。"清朝乾隆皇帝赞道："若文天祥，忠诚之心不徒出于一时之激，久而弥励，浩然之气，与日月争光。"

文信國公正氣歌
天地有正氣，雜然賦流形。
下則為河嶽，上則為日星。
於人曰浩然，沛乎塞蒼冥。
皇路當清夷，含和吐明庭。
時窮節乃見，一一垂丹青。
在齊太史簡，在晉董狐筆。
在秦張良椎，在漢蘇武節。
為嚴將軍頭，為嵇侍中血。
為張睢陽齒，為顏常山舌。
或為遼東帽，清操厲冰雪。
或為出師表，鬼神泣壯烈。
或為渡江楫，慷慨吞胡羯。
或為擊賊笏，逆豎頭破裂。
是氣所磅礴，凜烈萬古存。
當其貫日月，生死安足論。

地維賴以立，天柱賴以尊。
三綱實繫命，道義為之根。
嗟予遘陽九，隸也實不力。
楚囚纓其冠，傳車送窮北。
鼎鑊甘如飴，求之不可得。
陰房闐鬼火，春院閟天黑。
牛驥同一皁，雞棲鳳凰食。
一朝蒙霧露，分作溝中瘠。
如此再寒暑，百沴自辟易。
嗟哉沮洳場，為我安樂國。
豈有他繆巧，陰陽不能賊。
顧此耿耿在，仰視浮雲白。
悠悠我心悲，蒼天曷有極。
哲人日已遠，典型在夙昔。
風簷展書讀，古道照顏色。

辛丑二月溥儒敬書

《正气歌》八屏　溥儒　书

233

智慧敏对解缙

解缙（1369—1415），江西吉水（今江西省吉安市吉水县）人，明代内阁首辅，著名文学家和书法家，世界有史以来最大的百科全书——《永乐大典》总编纂，为传承中华文脉作出了不可磨灭的贡献。解缙在江西及周边老百姓中有着巨大影响，一个重要的原因，是他创作的对联家喻户晓、口口相传，被公认为中国对联第一人。

明洪武二年（1369），解缙出生在吉安这片文化沃土之上。吉安古称庐陵，是中国古代著名的文化中心之一。解家为庐陵书香门第，家学深厚，藏书万卷，世代苦读研习圣贤绝传，从唐至清，共出了48位进士。

解缙的父亲名解开，因博学多才，人们都尊称他为"筠润先生"。解开对儒家经典烂熟于心，但淡泊名利，主要致力于著书、办学、育才等，著有《书解》《文集》等。解缙的母亲高妙莹是位大家闺秀，对经史、传记、天文、地理、医药、女红、烹饪皆很有研究，书法也颇为了得。

解缙出身书香门第，他天赋异禀、聪明伶俐，从小就有语言天赋，有超常的记忆力和思维能力，不仅反应快，应答迅捷，而且金句频出，因此十里八村都称他"神童"。5岁时，父亲解开挑拣浅显易懂的文章试着教解缙学习。谁知所教的书目，解缙全能脱口背诵。6岁时，族叔祖解成我给他出了小题目，题为《小儿何所爱》。解缙脱口吟出四首，其中有两首说："小儿何所爱？爱此芝兰室。更欲附飞龙，上天看红日。""人道日在天，我道日在心。不省鸡鸣时，泠然钟磬音。"人们纷纷惊叹这个小娃吟出的诗，其胸襟这样开阔，气魄如此雄伟，语言中充满哲理。

故人明鑒臺不袜驄晨喜色盈
眉曉輕風入馬嬌崑陵山連逾茂
苑樹高低拂遠家夜裯思月滿溪
名東醫業將選吳藝立御胡為寫
雲陽早行圖苟詩臣贈將
永樂丁酉歲十月晚望也

恩虫九重別意情餘三月潘宮
檀樹霜青鑿寄鏡家程隨立
馬鄉怨逐歸湖到日柁連機
雲陵好宮封郡劉凄

云阳早行图　解缙　绘

解缙喜欢玩水，7 岁那年，他偷偷到赣江游泳，又怕湿了衣裳被父亲责骂，便将自己的衣裳挂在江边的一棵老树上。父亲找到他后让他对对联，过关才能上岸。父亲出联道："千年古树为衣架。"他立马对了一句："万里长江作浴盆。"气势更超其父，避免了挨打。

解缙在家乡留下的流传最广的一副对联，是他 15 岁过年时写的一副春联："门对千棵竹，家藏万卷书。"他将此联贴在门上后，许多老乡都跑来看。对面的财主很不高兴，觉得解缙在说自己虽有家财万贯，但不及他家自有书香，于是派人将竹子全部砍倒，这样对联就不成立了。解缙看后，微微一笑，给对联加了两个字，改为"门对千棵竹短，家藏万卷书长"。

一"长"一"短"，高下立判。财主更不高兴了，马上派人把竹篼也挖掉，心想看你这次怎么改。解缙见状，挥笔又改成"门对千棵竹短无，家藏万卷书长有"。一个"无"一个"有"，不仅对仗工整，而且层层递进。财主虽气但也无可奈何。这副对联被解缙从 10 个字加到 14 个字，字字对仗，逐次意深，十分巧妙，令人叫绝。

明洪武二十一年（1388）八月，解缙首次参加科举便取得三甲第十名，赐同进士出身，授中书庶吉士。在翰林院观政后，解缙先后上书《大庖西封事》《太平十策》，直指明朝社会现存的重要问题，忠肝义胆，受到明太祖朱元璋的重视。

此时的解缙意气风发，锋芒毕露，展现出卓越的政治才干，但也因此引起了一些朝臣的不满。在遭兵部尚书沈潜污蔑后，解缙改任江西道监察御史。解缙还多次被朱元璋赐归省亲，这是朱元璋想要磨炼他，令其读书修史，以观后效。自此，解缙回到吉水钻研学问，长达 8 年。

靖难之役后，朱棣当上皇帝，杀掉朱允炆的一大批余党。一些大臣降顺了他，也有一些朝臣宁死不降。而解缙属于归降的那一类，他认为，自己虽然投靠了朱棣，但不算逆臣。一则自己初入京城，建文帝并未重用，反倒将自己发往河州。二则建文帝虽然仁慈孝悌，但是缺少决断，而燕王聪慧刚毅，有勇有谋，能成大事。三则朱棣也是皇家血脉，换皇帝只是他们的家事。

朱棣夺位登上帝王的宝座之后，最重要的事情就是诏告天下。而这个写《登极诏》的人选却需好好筛选，需找一个德高望重、文采斐然的，最好是建文帝的旧臣。最终解缙在大臣姚广孝的推荐下受命作《登极诏》，灿然成书。朱棣见解缙挥洒自如，援笔立就，顿时大喜，即刻诏告全国。

朱棣遂将解缙从原来的九品待诏提升为六品翰林侍读，又嘱托解缙为他推荐人才，组建内阁。解缙于是将胡广、杨荣、杨士奇、金幼孜、胡俨等人推荐给朱棣。解缙不久便被任命为内阁大学士，并由此成为大明第一位内阁首辅，开启了他人生中另一个光辉灿烂的政治巅峰时期。朱棣对解缙给予高度评价，说："天下不可一日无我，我则不可一日无解缙。"

朱棣虚心好学，治国有方，使明朝出现史上著名的永乐盛世。在朱棣统治的时代，国家富裕强盛，百姓安居乐业。他还亲率大军五次伐北，剿灭元朝残余势力，维护国家的安宁稳定，保护国家领土的完整。他变革朝官制度，扩大外交，安排郑和七下西洋，将中华文明传播到世界各地。他执政期间命解缙等人完成了史上著名的《永乐大典》，并将京都迁往北京。

解缙在朱棣执政时所作的一项特殊贡献，就是主编《明太祖实录》。朱棣登基以后，编写《太祖实录》，希望略过建文帝，从根本上否定建文帝存在的合法性。为此朱棣又一次想到解缙。作为朱棣的朝中重臣，解缙责无旁贷。解缙一改认真较劲的脾气，觉得只要朝政稳定，人民安居，这种顺人心之举，也算一件善事。解缙编纂了让朱棣满意的《太祖实录》，书中体现了朱棣提出的所有要义，证明了朱棣作为皇帝的合法性，为朱棣登基之后的政权稳定起到了重要的作用。

朱棣是一个心细的皇帝，《太祖实录》编纂之后，史料上对自己不利的地方虽然删减干净，但是散落在民间各处的书籍，难免还有遗漏，朱棣决定借搜集古今典籍以编一部类书的机会，清理隐落在各处的文史书籍。不久，朱棣就宣诏以解缙为总纂官，把散载在各种书中的古今中外之事，分门别类，统一辑成一本类书。

解缙召集人马，量才而用，经过筛选，组成一支百余人的庞大队伍，查阅大量的资料，以"刊定凡例，删述去取，并包古今，搜罗隐括，纤悉靡遗"为宗旨，完成了这部类书，并得到朱棣的肯定，赐名"文献大成"。

可过了一段时间，朱棣认为此书还可以继续扩充和完善，于是再次下令修书。他仍然令解缙做总监修，又请来国师姚广孝以及刘季篪同为总监修，从翰林院和国子监又调来总裁5人、副总裁20人……编纂队伍最后竟然达到2000余人。其声势和规模之大前所未有，但解缙统领有序，按照朱棣提出的"有书必录"的原则，有条不紊地进行，表现出他广博的学识和极强的领导组织能力。

明永乐五年（1407）第二次修订的这部类典定稿进呈，这一次真的做到了"网罗无遗，以备考索"。朱棣看后，总算满意，大笔一挥，将《文献大成》改为《永乐大典》，并为该书作序。《永乐大典》的编成，体例上没有更多的变化，只是在数量和范围上下足功夫。全书共有22877卷，共收录史书图典7000多种，共11095册，约3.7亿字，规模远超宋代和元代类似的书典，涉及古代政治、经济、文学、艺术、科技、医药等各个领域，开中国编辑史上之先河，几乎囊括了明朝之前中华文化的全部精华和科技进步成果，被誉为"世界有史以来最大的百科全书"，成为中国文化的一个经典符号，比《大英百科全书》早了300多年。

对于朱棣来说，《永乐大典》编纂的初衷之一是想清理留在民间对自己不利的书，但这部浩大的典书的编纂，抢救了大量遗失在民间的珍本和佚书，真实而及时地保留了中国历史上大量的重要资料，有力推动了后来的中国古代历史文化研究。从这个角度来说，朱棣这个皇帝，功不可没。而解缙，正因这部奇书，奠定了他万世流芳的历史地位。

解缙虽才华横溢，当朝无人能及，但他性格耿直，对不合理的人和事，敢于建言、大胆批评，因而得罪了不少朝臣。如当时的锦衣卫纪纲是皇帝

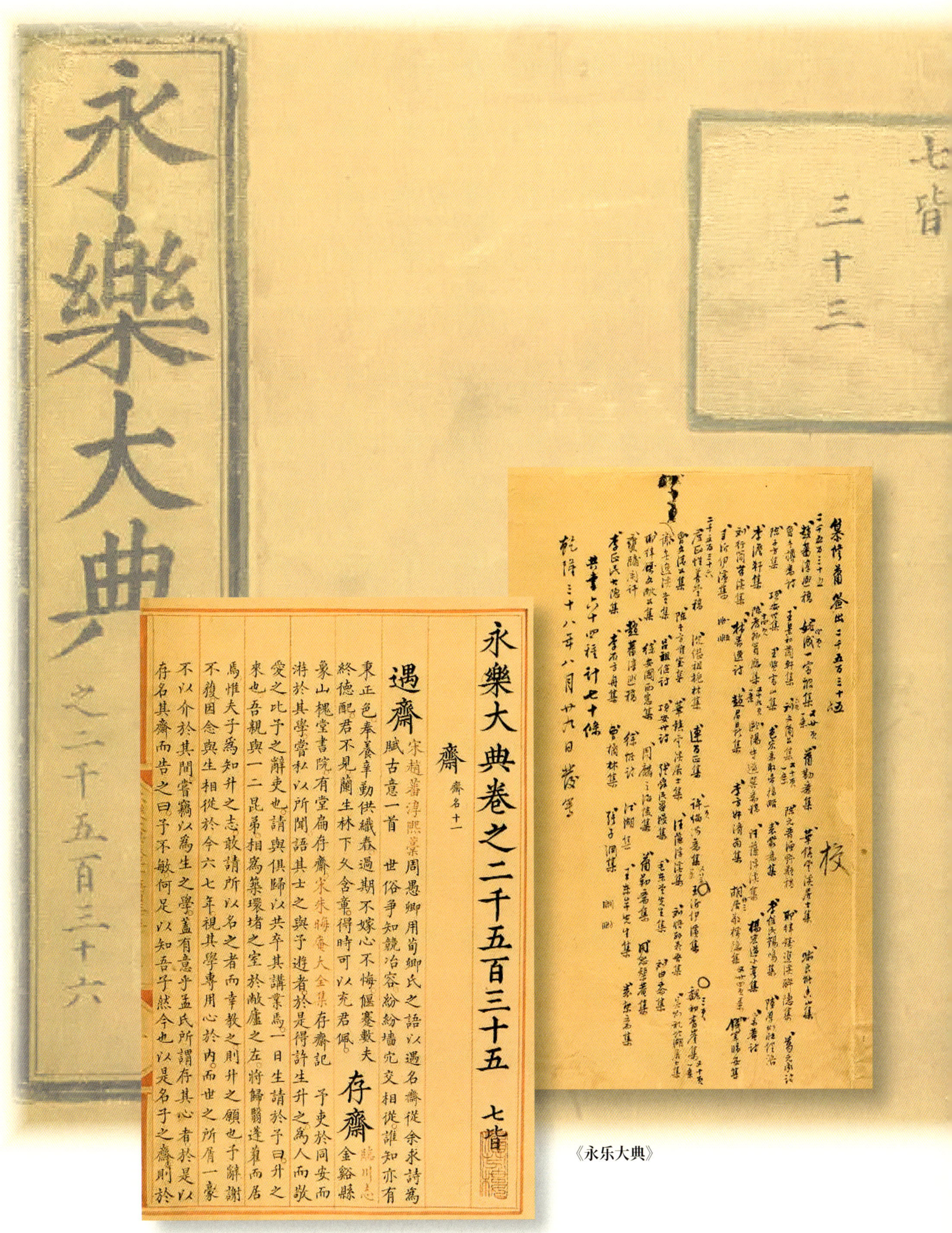

永樂大典 之二千五百三十六

永樂大典卷之二千五百三十五　七皆

齋

齋名十一

遇齋

宋趙蕃淳熙案周愚卿用荀卿氏之語以遇名齋從余求詩為賦古意一首

東正色奉豪章勤供織春過期不嫁心不悔僂蹇敷夫終德配君不見蘭生林下久含章得時可以充君佩

存齋　臨川縣

金谿縣

世俗爭知競冶容紛紛堵牆宂交相從誰知亦有蒙山槐堂書院有堂扁存齋宋朱晦庵大全集存齋記予遊者於是得許生升之與予遊者於其學嘗私以所聞語其之一日生請於予曰升之愛之此予之辭吏也請與俱歸以共卒其講業焉一二昆弟相為藥壞堵之室於敝盧之在將歸闕達道而居

馬惟夫子為知升之志敢請所以名之者而章敎之則升之來也吾親與一二不復因念與生相從於今六七年視其學專用心於內而世之所盾一豪不以介於其間嘗竊以為生之學蓋有意乎孟氏所謂存其心者於是以存名其齋而告之曰子不敏何足以知吾子然今也以是名子之齋則於

《永乐大典》

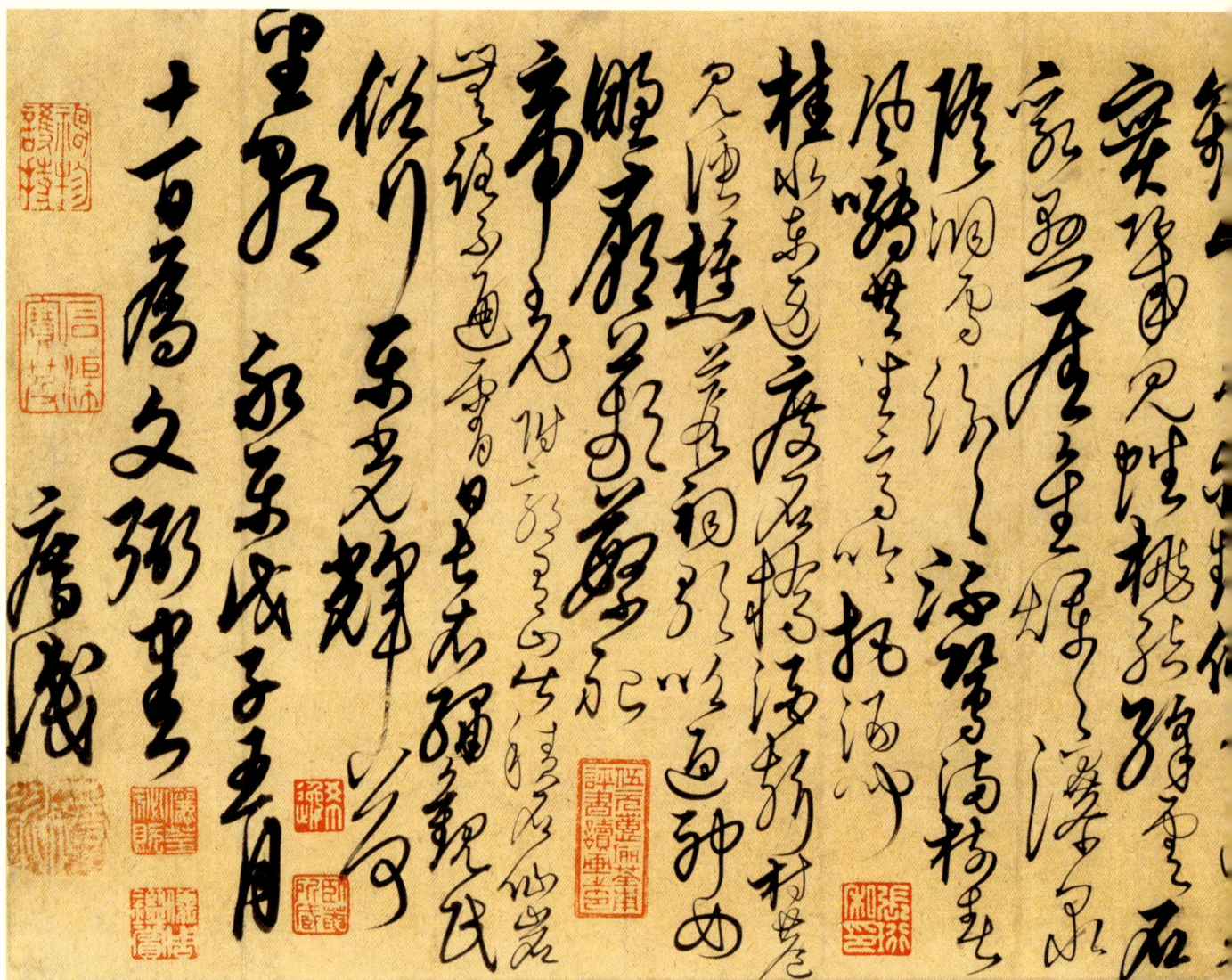

游七星岩诗 解缙 书

最宠幸的内臣，阴险奸诈、无恶不作，虽小有文墨，但喜欢卖弄，解缙早就看不惯他。一次在宴会上，纪纲当着朝中大臣们的面，吟出"塘里水鸭，嘴扁脚短叫呷呷；洞中乌龟，颈长壳硬矮趴趴"的上联让解缙对，讽刺解缙身材矮小、爱发议论。解缙听出他不怀好意，也没客气，就回了个"墙上芦苇，头重脚轻根底浅；山间竹笋，嘴尖皮厚腹中空"的对子。在场的大臣们听了，都知道是讽刺纪纲才学粗陋、为人浅薄。纪纲虽没有当场发作，但恨意更增。当解缙因对皇室更替发表意见而得罪皇帝被捕入狱时，纪纲趁机拱火，并来到牢房请解缙喝酒吃肉，趁其酒醉不醒，将其拉到监狱外的冰天雪地里。

年仅 47 岁的大明第一才子解缙，就这样英年早逝。解缙死后 50 年，

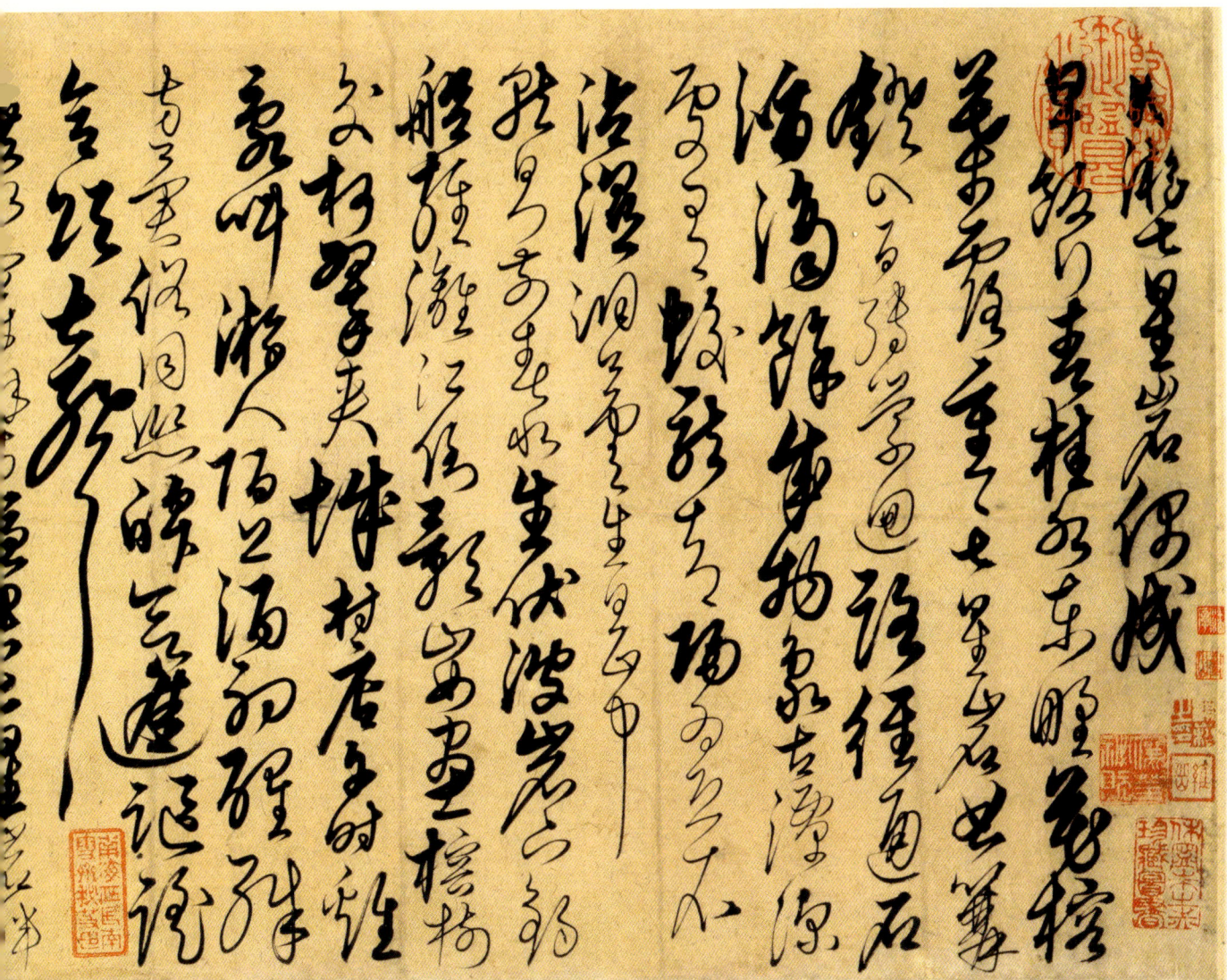

宪宗朱见深恢复解缙的官职，修复解缙的坟墓，追赠他为"朝议大夫"，谥号"文毅"，由此，解缙被称为"文毅公"。明王朝终于给了解缙一个公正的交代。

历史评说凡人，总是从高处宏括。无论如何，人就是人。解缙既是一个有血有肉有情感的俗世凡胎，又是一个伟大的天才。上天给了他常人没有的异彩，就一定会给他世人没有的人生。不管怎么说，解缙在明初的政治文化舞台上演绎出一台精彩纷呈的活剧，完成了生命和个性的最大张扬。在他的墓前，我们可以看到一副对他一生定评的对联："义节千秋壮，文章百代尊。"

戏梦人生汤显祖

汤显祖（1550—1616），中国明代戏曲家、文学家，字义仍，号海若、若士、清远道人。在戏曲方面，他所作《牡丹亭》《邯郸记》《南柯记》《紫钗记》合称"临川四梦"，在中国乃至世界文学史上都有着重要的地位，由此汤显祖被认为可以比肩莎士比亚，二者被誉为"并世双星"。

一、求学

明嘉靖二十九年（1550），汤显祖出生于江西临川（今江西省抚州市临川区）文昌里的一个书香世家。临川自古便是才子之乡，而文昌里则是临川城的文脉所在。

汤显祖祖上四代都是秀才，家中藏书 4 万多卷。曾祖父汤廷用，嗜藏书，好作文。祖父汤懋昭，博览群书，精黄老学说，有"词坛名将"之称，父亲汤尚贤，知识渊博，为明嘉靖年间著名老庄学者、养生学家和藏书家。创建"汤氏家塾"，并邀请江西理学大师罗汝芳讲学，课教宗族子弟。伯父汤尚志酷爱戏曲，还从事过戏曲活动。汤显祖的母亲也自幼熟读诗书。

汤显祖 5 岁进家塾，12 岁写诗，21 岁中举人，列江西省第八名。他的仕途本可以一帆风顺，但明代科举制度腐败，考试变成了幕后交易。明万历五年（1577）、万历八年（1580）两次会试，当朝首辅张居正要安排他的儿子考中进士，为遮掩世人耳目，又想找几个有真才实学的人做陪衬，以显示此届录取的人才水平之高，体现是公平选才。他打听到最有名望的举人当数汤显祖和沈懋学等人，就派人去笼络他们，言明只要肯同宰相合作，就许汤显祖等中在头几名。

汤显祖憎恶这种腐败的风气，先后两次都严正拒绝了宰相的笼络，说："吾不敢从处女子失身也。"结果汤显祖名落孙山。沈懋学等出卖了自己，果然得以高中。

万历十一年（1583），34岁的汤显祖终于以较低的名次中了进士，他布满荆棘的仕途从此开始。

二、为官

他先在北京礼部观政实习，次年以七品官到南京任太常寺博士。他在南京一住就是七年。永乐以后，南京是明朝的留都，虽各部衙门俱全，实际上毫无权力，形同虚设，太常寺尤为其中的闲散衙门。

万历十九年（1591），在南京礼部祠祭司主事的任上，官闲志不闲的汤显祖向皇帝上了一篇《论辅臣科臣疏》，直接抨击首辅申时行等朝廷大员，同时也间接批评了万历皇帝。这引起了神宗与申时行等人的极大愤怒，神宗遂将汤显祖贬谪到遥远的雷州半岛的徐闻县（今广东省湛江市徐闻县）任小吏典史。

汤显祖纪念馆 李勇 摄

一年后遇赦，汤显祖被调到偏僻贫穷的浙江遂昌（今浙江省丽水市遂昌县）担任知县。他在遂昌任上灭虎清盗、劝学兴教，终于使浙中这块僻瘠之地大为改观，桑麻牛畜都兴旺起来，成为两浙县令中政声极佳的官员。每逢除夕、元宵，他还允许狱中犯人回家团圆或上街观灯。他把只有 1 万多人的遂昌县当成自己施展政治理想的沃土，可被政敌抓住了把柄，待考核官员的时机一到，他们就出来暗语中伤。

从万历二十四年（1596）起，朝廷打着收矿税的名义在全国各地疯狂地掠刮民脂民膏，次年，朝廷派税使来遂昌扰民。汤显祖不堪忍受，决定离开遂昌，并向吏部递了辞呈。因长期等不到回文，他未得批准就扬长而去，回到家乡。到吏部和都察院以"浮躁"为由正式给他一个罢职闲住的处分时，他弃此敝屣已过数年。

三、寻梦

汤显祖的祖宅本在城东文昌里，但明隆庆六年（1572）发生火灾，全家过了"十载居无常"的日子。父亲汤尚贤早些年在城内香楠峰山脚下的沙井巷买了几栋旧宅。汤家人决定把这些旧宅连成一片，改成一座新宅，这样不但面积增加，还更好规划用度。建成后的新宅以"玉茗堂"为中心，占地五亩，院呈矩形格局，每边长 60 米。这个玉茗堂，成了汤显祖后半生进行戏曲文学创作和演出活动的主要场所。

万历二十六年（1598），汤显祖从遂昌县回到故乡临川，携父母入住玉茗堂，并开始了他的戏曲筑梦创作。梦很平凡，它不分富贵贫贱，人人都可以拥有；梦又很神秘，它可以超越生死，跨越时空。千百年来，它不知令多少人在颠倒的现实与虚幻中流连忘返，"临川四梦"的四个梦境，正演绎了纷繁变幻的世间之事。

"临川四梦"第一梦《紫箫记》，大约创作于 1577 年，却因被认为影射时政而辍笔。10 年后又改为《紫钗记》。此剧全本共 53 出，在保留唐人蒋防传奇小说《霍小玉传》主要人物和情节的同时，再造男女主人公的形象，别开生面地演绎李益和霍小玉的爱情故事，热情

汤显祖纪念馆古戏台

讴歌了爱情的真诚与执着，深刻揭露了强权的腐败与丑恶，体现了汤显祖的"情至观"。

《牡丹亭》是"临川四梦"的代表作。回乡不久，汤显祖就开始了《牡丹亭》的写作。该剧故事跌宕起伏，矛盾冲突尖锐，集中了当时所有吸睛元素，好戏连台，文辞典雅，语言秀丽，是中国戏曲史上的巅峰之作，演出后引发强烈的社会反响。

女主人公杜丽娘天生丽质而又多愁善感，她出生在一个古板的官宦之家，父亲对她严加看管，而她向往自由，渴望爱情。忽一日，杜丽娘梦到一书生拿着柳枝来请她作诗，接着又到牡丹亭成就完美爱情。待她一觉醒来，方知是梦。此后她又为寻梦到牡丹亭，却未见那书生，渐渐地这思恋成了心头病，最后竟不治而亡。其父此时升任淮扬安抚使，临行将女儿葬在后花园梅树下。杜丽娘死后，游魂来到地府，判官问明她致死情由，查明婚姻簿上，有她和新科状元柳梦梅结亲之事，便放她回返人间。此时书生柳梦梅赴京应试，在梅花庵中与杜丽娘的游魂相遇。柳梦梅请人掘开杜丽娘的坟墓，杜丽娘得以重见天日，并且复生如初。两人随即做了真夫妻，一起来到京都。柳梦梅参加了进士考试，并高中状元。皇帝下旨让杜丽娘父亲与杜丽娘相认，并着杜丽娘与柳梦梅归第成亲。一段死而复生的姻缘故事就这样以大团圆做了结局。

《南柯记》与他稍后完成的《邯郸记》一起被称作"二梦"，是汤显祖在走过了坎坷的仕途，政治抱负和人生理想彻底破灭以后，痛定思痛、冷静反省的产物。

《南柯记》讽刺了封建朝廷的极端腐败。淳于棼武艺高强却因酒失职。在参加盂兰大会时偶遇蝼蚁仙人，仙人见其风姿绰约，邀其入槐安国。淳于棼在国内被封为驸马，并被派到南柯治理政事。被召回朝后，结交权贵。国王听人进谏，令他回故里。淳于棼醒来，才知道之前发生的事情皆为梦境。他按梦所述，去到槐树下查看，导致蝼蚁遭受灭顶之灾。淳于棼惊觉四大皆空，立地成佛。

《邯郸记》是汤显祖人生中完成的最后一部戏剧作品。剧中穷途潦倒的卢生在邯郸赵州桥北的一个小客店遇到了来世间度化凡人的八仙之吕洞宾，卢生抱怨自己命运不济，吕洞宾则给他一个瓷枕入梦。卢生在梦中经历了一连串宦海风波和 50 年人情世故、人我

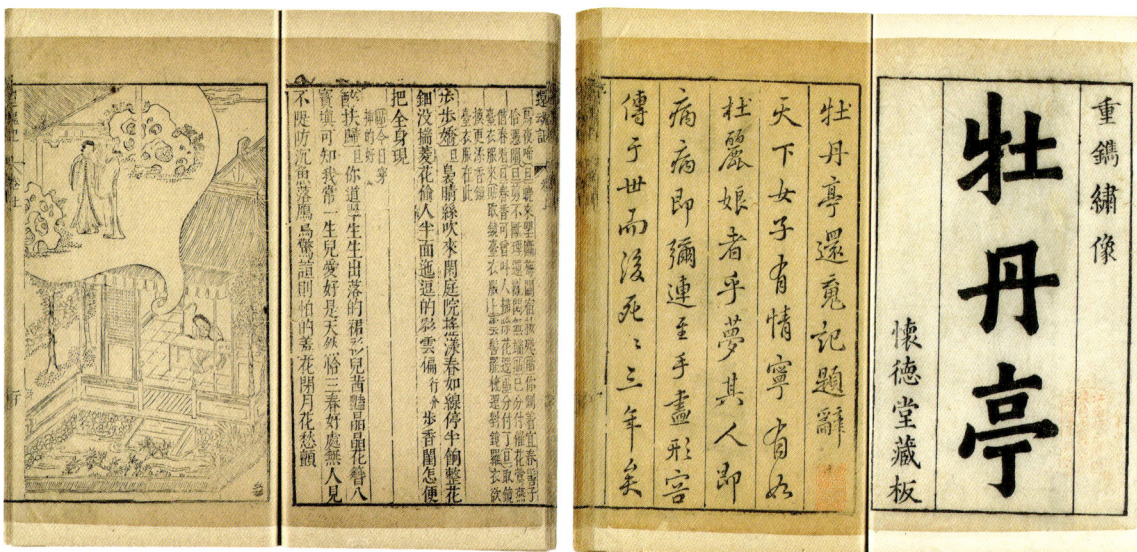

明刊本《牡丹亭》

246

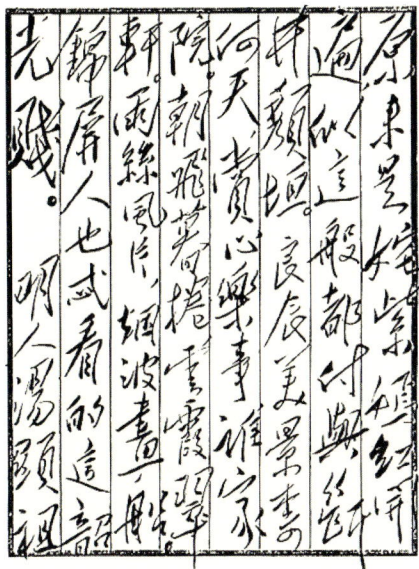

毛泽东抄录《牡丹亭》经典曲牌《皂罗袍》

是非。一梦醒来，店中的黄粱米饭尚未蒸熟。

因情成梦，因梦成戏。汤显祖已然去世400多年。400多年，时代迭变，山谷陵替。沧桑洞的历史风尘，无情而又公正地销蚀、暗淡了多少世间物什——寻常如农家的竹篱与茅舍，显赫如帝王的权杖与冠冕。但令人感叹的是，汤显祖这位当年多如牛毛的七品县令中的一位，却在历史的大浪淘洗中被后人不断追怀崇仰，成为与同时代的莎士比亚双峰并峙、中外辉映的文学巨人，被联合国教科文组织评定为百名国际名人之一；他业余创作的"临川四梦"，他以精美文字构建起的经典爱情世界，却从狂欢堕落而又戾气深重的大明王朝，穿越中国封建时代晚期的幽暗隧道，生发成一缕刚健明亮的人性光芒、一股情深自然的精神力量，历久而弥新。

一介"清羸故多疾"（汤显祖《三十七》）而又蹉跎官场、蹭蹬穷老的文弱书生，几部在暗淡晚明的南方民间庭院里写出的戏曲，何以具有如此强大的文化生命力，以至于成为当今东西方世界沟通融合的重要历史文化资源？早已荡然无存的临川玉茗堂，到底凝聚生发出一种怎样的历史文化精神，值得我们一再寻踪朝圣、感怀致敬？

首先值得一再大书特书的，自然是汤显祖的至情思想。无论是《牡丹亭》中开宗明义"情不知所起，一往而深。生者可以死，死可以生。生而不可与死，死而不可复生者，皆非情之至也"的言说，还是《南柯记》中的题词"梦了为觉，情了为佛"，又或是《宜黄县戏神清源师庙记》开头所强调的"人生而有情"。关注人情、尊重人性，是汤显祖精神世界最为后人所崇仰认同的文化价值。"后世相知或有缘"，旷世经典《红楼梦》之《含耻辱情烈死金钏》一回前，录有汤显祖诗以待知音："无情无尽却情多，情到无多得尽么？解到多情情尽处，月中无树影无波。"这分明是伟大的曹雪芹在"至情"

乡音版《牡丹亭》 李勇 摄

论谱系上向前辈汤显祖的隔代致敬。汤显祖应和于明代中后期王学的兴起和思想文化的跃动，将中国文学的抒情传统推到极致，建构起他的"至情"思想世界。"世总为情"，有情的人生与世界才是健康人本的世界；而"内欺己心，外拂人情"（袁宏道语），则是不值得过的生活。说到底，呕心沥血写出"玉茗堂四梦"，汤显祖意在以戏曲救世，用至情悟人。他充满浪漫主义色彩的爱情经典，其魅力绝不仅在于情节结构的离奇、曲词音律的优美，更在于其对"至情"的追求，以及其对精神自由、个性解放的张扬。借梦抒怀，正是其对至情至真、至善至美的认同，对理想社会的追求，对人的自我价值的肯定，这使得汤显祖的作品体现出超越时空的思想探索与人文关怀，生发出其当代性意义。

其次是汤显祖的淑世情怀。文学史家多以单向度的戏剧家、诗人之名来定义汤显祖。其实像中国大多数文人一样，汤显祖的社会身份首先是一位传统的士大夫。早年努力读书参加科考，中年宦海沉浮，晚年闲居寻梦，他像中国大多数读书人一样，有着由庙堂官场到乡里民间、从儒家精神入世转向道家精神出世的人生轨迹。但超世、游世与玩世，从来都不是中国传统士大夫的本色，他们的精神底色，永远是入世与淑世占据主导，永远是不可救药的乐观主义者。与莎士比亚纯粹钟情于戏剧不同，汤显祖的早年理想，当然是儒家式的治国平天下的政治抱负。而此后尽管仕途坎坷，他依然不失爱国忧民之热肠。不管是早年的"俊气万人一"，还是中年的理想受挫，汤显祖从来没有选择逃避与解脱，而总是怀抱一个知识分子的使命感，在苦闷逼仄的时代环境中，努力践行自己的理想，以求心安与理得。即使终其一生，大好年华多有赋闲，最高只做到七品芝麻官，汤显祖仍然为官清廉，勤政务实，以出色的行政领导和管理才能，治理地方公务，发表政见。当他偶尔放下手中以情织梦的笔，走出庭院，"四面河山归眼底，万家忧乐到心头"，系之念之者，仍然是无法释怀的民间疾苦。己饥己溺，民胞物与；世间冷暖，情里梦里，汤显祖从来就没有走向缥缈虚无。终其一生，他都是一个挚爱在人间的唯情主义者、一个热心肠的淑世主义者。他为后人所推崇的"至情"，绝不是沉溺于个体的、小我的"唯情"，而是寄寓着社会性的、大我的人道关怀。率性，悯世，爱民，汤显祖的"至情"思想，至少包括主张真情、个性解放、关注民生等丰富的社会历史内容。

还有汤显祖的俊伟人格。一纸《牡丹亭》，写尽汤显祖这个南方书生的温柔多情；但多情的表面之下，他骨子里更有着亢直硬气的士大夫精神、光明俊伟的人格力量。在文学观上，汤显祖不愿意追随时流，对当时流行的奉形式主义、复古主义与模仿为圭臬的"后七子"文学进行严正批判，而大力发扬现实主义的文学主张，以致惹得当时的文坛大佬恼怒不已。在政治态度上，生逢河决鱼烂的晚明，有感于严峻迫切的现实问题，汤显祖不惧权势，向颟顸多忌的万历皇帝呈上《论辅臣科臣疏》，抨击当朝政治腐败、上下怠荒渎职的现象，锋芒直指万历本人。书生拍案，以道抗势，气贯长虹，但汤显祖最终被贬官去职，"谪向边城为小吏"。"一生爱好是天然"，作为性情中人，汤显祖不愿交结权贵；平生师友，多如李贽、徐渭、紫柏禅师等后来以叛逆、落拓、边缘性文人之名进入历史的人物。为官之时，汤显祖两袖清风，孩子"虽为县长儿，饥寒在身口"，他劝儿子"游闲不是儿家业，大好归来学种田"。

历经10余年的蹉跎，好不容易迈入仕途，一次"大计"（考察），汤显祖看穿了在混浊官场难有作为，干脆退出政治舞台，弃官归家。从清远楼到玉茗堂，从"忙处"到"闲处"，从庙堂到家居，他以精神高洁的归隐，觅得心灵的宁静。狂者进取，狷者有所不为。固然汤显祖的批判精神与俊伟人格，表现为有所不为的清高与退处，但面对民间疾苦等，他又细察敢言，从不苟且缄默。大疫之年，面对"江淮西米绝，流饿死无覆""犹闻吴越间，叠骨与城厚"的人间惨象，他愤而发出"精华豪家取，害气疲民受"的谴责之声，不禁让人想起唐代"诗圣"杜甫的名句"朱门酒肉臭，路有冻死骨"。人道主义情怀，力透纸背。在党和国家正大力倡导营造风清气正的政治生态的今天，汤显祖身上亢直硬气的士大夫精神、光明俊伟的人格力量，可以说正是一种值得发扬倡导的千古风流。

总之，汤显祖以情入梦，借梦抒怀，用他的伟大著作描绘了一幅晚明社会的广阔图景，他严厉批判现实的丑陋，尖锐地揭露官场黑暗，不断提出救世良方并努力实践，竭力寻找自己的理想社会：社会公平和人间正道，道德高尚和精神探索，爱情自由和婚姻幸福。他的戏梦人生体现他对至情、至真、至善、至美的追求和向往。因为如此，在人类文明的苍穹下，汤显祖其人其文，才得以光耀千秋——无论东方还是西方，无论过去、现在还是未来。

科学巨匠宋应星

宋应星（1587—? ），字长庚，明代江西奉新人，著名科学家，其代表作《天工开物》被誉为"中国17世纪的工艺百科全书"。

屡试屡败，放弃功名。宋应星自幼聪明，熟读经史及诸子百家，很得老师及长辈喜爱，后考入奉新县县学为庠生。万历四十三年（1615），29岁的宋应星在省城南昌参加乙卯科乡试考取了举人，列全省第三名。虽然乡试的成功使宋应星备受鼓舞，但他在接下来的五次会试中都名落孙山，使他从此彻底断绝了考取功名的念头。第五次会试时，宋应星已45岁，宝贵的青壮年时间，就这样消磨在科举上面。

虽然五次进京会试均告失败，但这五次水陆兼程的万里跋涉，却也向他打开了另外一扇窗。沿途他经过了江西、湖北、安徽、江苏、山东、河北等省的许多城市和乡村，在旅途中，他有机会在田间、作

宋应星塑像

251

《天工开物》中记载的筒车

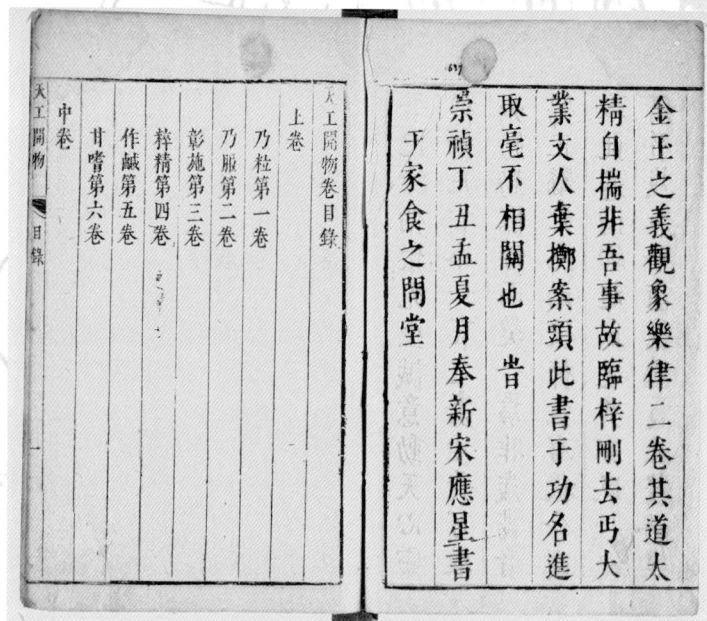
明崇祯十年（1637）涂绍煃刊本《天工开物》

坊从劳动群众那里调查到不少农业和手工业生产技术知识。他把各地的生产技术记录下来，得到了许多第一手的资料。这为他后来写作《天工开物》等书作了准备。

潜心研学，创新杰作。宋应星自小对天文学、声学、农学及工艺制造学兴趣浓厚。15 岁那年，他听说《梦溪笔谈》是一部价值很高的科学著作，于是很想找来读一读。他来到镇上的文宝斋书铺询问，店老板却告诉他，现在人们都读四书五经，为的是考取功名，科学方面的书即使进了货也没人买。宋应星只好懊丧地离开了文宝斋。在路上，他碰到一个卖米粿的老汉，从老汉那里得到了用于包米粿的《梦溪笔谈》残本，老汉告诉他这书是向南村纸浆店老板讨来的。宋应星又一路跑着赶到纸浆店，可那后半部书已经被泡入水池，即将被打成纸浆。宋应星向老板苦苦祈求，希望倾其所有购买这本书。老板被他这种求学的精神深深打动，赶忙让工匠把那半部书捞了上来，交给了宋应星。

在科举这条路走不通后，宋应星便把自己的兴趣和时间都用在研究农业和手工业的生产和技术上。他大量翻阅前人留下的史书典籍，并结合自己在实践中的所见所闻对典籍上的内容加以甄别。崇祯八年（1635），宋应星任江西省袁州府分宜县（今新余市分宜县）县学教谕，教授生员。宋应星在分宜县任教的4年，是他一生中的重要阶段。授课后他余暇时间较多，同时又能接触到一些图书资料，这为他从事写作提供了条件。宋应星充分利用了这段时间，根据以前的调查所得，再查找必要的参考文献，从事着极其紧张的著述工作，历时4年完成了他最杰出的作品《天工开物》。

皇皇巨著，彪炳全球。《天工开物》初刊于明崇祯十年（1637），共三卷十八篇。《天工开物》的序言中，写着一句非常有力量的话——"此书于功名进取毫不相关也"。全书收录了农业、手工业方面的大量生产技术，涉及机械、砖瓦、陶瓷、硫黄、烛、纸、兵器、火药、纺织、染色、制盐、采煤、榨油等。《天工开物》是世界上第一部关于农业和手工业生产的综合性著作，一些重要论述在当时处于世界领先地位。比如"物种发展变异理论"比德国卡弗·沃尔弗的"种源说"早100多年，"动物杂交培育良种"比法国比尔慈比斯雅的理论早200多年等。从17世纪开始，《天工开物》先后传入日本、朝鲜和一些欧美国家，轰动一时。英国生物学家达尔文称之为"权威著作"。日本科学史家三枝博音认为，《天工开物》不仅是中国，而且是整个东亚的一部代表性技术书，其包罗技术门类之广是欧洲技术书无法比拟的。英国科学史家李约瑟把《天工开物》的作者宋应星称为"中国

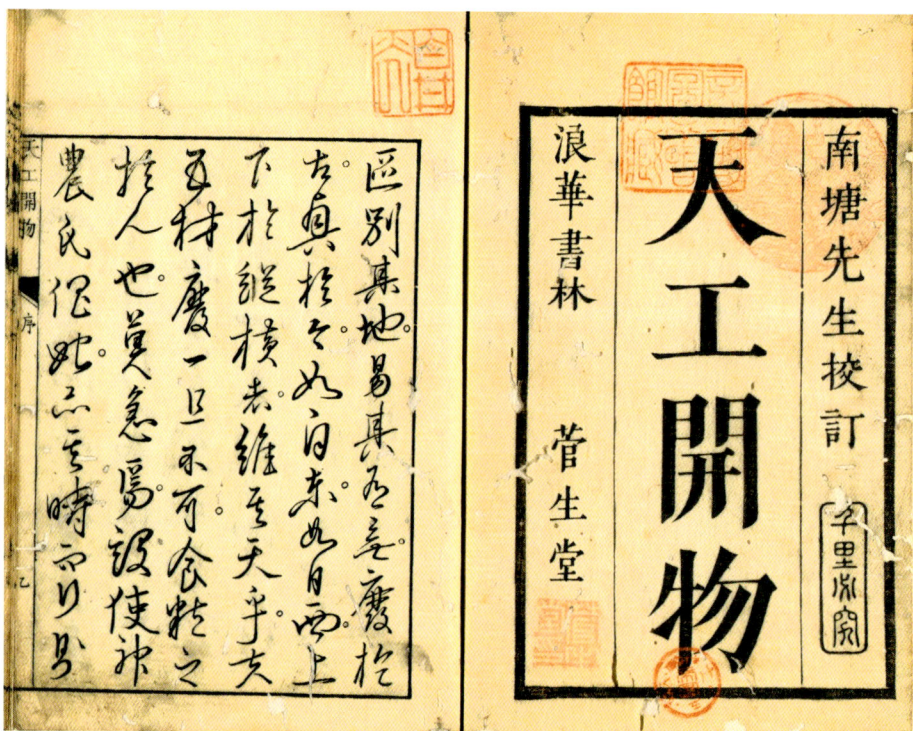

《天工开物》的最早的国外刊本——日本明和八年（1771）菅生堂刊本

的狄德罗"，赞扬《天工开物》是"十七世纪早期的重要工业技术著作"。

2021年3月，中央广播电视总台大型文化节目《典籍里的中国》第二期聚焦中国首部关于农业和手工业生产技术的百科全书《天工开物》，致敬"古有《天工开物》，今人继往开来"的科学精神。节目中，相隔300余年的袁隆平与宋应星透过一粒种子，用跨越时空的一次"握手"，让观众看到中国古代的伟大创造与杂交水稻的有机联系。

宋应星是一个有骨气的仁人志士。明亡后，宋应星一直过着隐居生活，拒不出仕，在贫困中度过晚年。为了纪念这位杰出的科学家，宋应星的家乡奉新县建有宋应星公园和宋应星纪念馆。宋应星在自然科学、技术乃至哲学思想方面所作出的巨大贡献，不断激励着后人在科技研究上作出新的贡献。

东方画魂八大山人

墨荷图　朱耷　绘

朱耷（1626—1705），明太祖朱元璋第十七子宁献王朱权九世孙，别号有八大山人、雪个等。朱耷以苦难为灵魂，以自然为寄托，用墨极简，呈现出个体生命的强悍与独特，将中国写意绘画手法推向巅峰，是 17 世纪中国最杰出的写意国画大师。

一、苦难为魂成不朽

痛苦能毁灭人，受苦的人也能将痛苦毁灭。对于朱耷来说，苦难如同命运的残酷鞭打，抽得他遍体鳞伤，然而，在伤痕处，却长出了艺术的翅膀，带来精神的飞翔。朱耷出身于皇亲贵胄之家，其父祖皆是画家，他从小异常聪慧，更有书画之天赋，8 岁作诗，11 岁画青山绿水，并能悬腕写小楷。1644 年，崇祯皇帝自缢于煤山，明王朝覆灭。一转眼，国亡、族灭、家破，18 岁的朱耷，如同一叶飘零的孤舟，在

个山小像　黄安平　绘

沉沉暗夜里驶入了巨浪滔天的茫茫大海。逃亡路上，妻儿离世，他本人若"丧家之犬"。生命该何所去？生命又该何所寄？他远离尘世，在天地的夹缝里苟活。22岁，在江西省奉新县耕香院，朱耷削发为僧，开始了为僧为道的漫长人生，"栖隐奉新山，一切尘事冥"。清康熙初年（1662），朱耷来到江西南昌青云谱道院隐居。62岁时，他离开青云谱，在南昌抚河桥附近修筑"寝歌草堂"，进行艺术创作，直到约80岁病逝。在长达60余年的创作生涯里，家国之变、身世之苦、现实之困，成为朱耷艺术创作不竭的源泉，他蘸一笔苦难之墨，再蘸一笔沧桑之泪，一笔一画，那用生命描绘的花、鸟、石、鱼跃然纸上。那不是茶余饭后的妙思，不是闲情雅致的表达，不是现实生活的描画，那是血、是泪，是不朽！那是中国绘画史上又一个划时代的横空出世，是可遇而不可求的艺术高峰！

二、艺术啼血显精神

艺术的生命在于独特和气质。朱耷的作品不需要讨好众人，他更不需要以作品铺路，求得功名利禄。他从不为当朝权贵画一笔一墨，而农民贫士却容易得到他的作品。他的艺术追求简单到极致。生命需要画笔来倾诉、燃烧！他的哪幅画，不是在彰显个性、表达自我？你看，那孤鸟、丑鱼，那残山、枯叶，那顽石、怪鸟，描绘出的是不可言说的死寂、倔强、孤寒、决绝、悲愤、忧思，那是灵魂的无数次表白，那是生命的千百种姿态。这天地，这世事，这人心，一切都已看透，一切都已看开，一切都已满不在乎，这是痛彻心扉之后的大知大觉、大彻大悟。这样的孤峻之美、脱俗之美，美到直指人心，让人心中为之一寒。60岁之后，他开始在书画作品中署名"八大山人"。这四字写

安晚册（选录） 朱耷 绘

成连笔像极了"哭之""笑之"。在艺术的道路上，朱耷已进入无人之境，他以苦难为钥，无意中打开了通往艺术殿堂的大门。

三、一代画风烁古今

时代怠慢了他，但历史却将他视为宠儿。朱耷一生潦倒、困窘，得不到当世人的理解。他绘画的价值，也没多少人能理解。然而，朱耷在后世，却圈粉无数。清代书画家郑板桥在题八大山人的画时称赞说："横涂竖抹千千幅，墨点无多泪点多。"这是发自内心的由衷赞叹！

艺术塑造不朽，苦难铸就辉煌！艺术的真谛是什么？艺术是以自然为素材，强烈表达艺术家的思想、气质、情操与个性。朱耷超越苦难、超越现实，在艺术的世界里，汪洋恣肆、特立独行。他的画，构建了一个全新的世界，塑造了高贵而倔强的灵魂！他的笔墨极简主义给人以震撼的视觉冲击，他独特的艺术形象让人感受到平静之下强烈的生命张力！这样一种鲜明的艺术风格和个性，使他在中国绘画史上留下了浓墨重彩的一笔，实现了前无古人的超越。

河上花图 朱耷 绘

匠心独运样式雷

"样式雷"是对清代260余年间主持皇家建筑的雷姓世家的誉称。他们是从江西省九江市永修县梅棠镇新庄村走出的建筑家族。

雷发达是公认的"样式雷"家族的创始人。他家学渊源,祖父、父亲均是当地有名的木工,他从小练就了一身过硬的本领。清廷初立时,因农民起义,皇宫尽毁,向全国征集工匠。雷发达因艺应召。他多有奇思妙想,技艺超群。为将建筑构思送皇帝御览,他创造了立体模型。因需要熨烫,这种模型被称为"烫样",烫样里面的构件可随意调换。他谦和待人,善于合作,得到了工部长官的信任和工友们的爱戴,被任命为工部营造所长班。

雷发达的长子雷金玉,在系列皇宫建筑中作出了突出贡献。在重修太和殿即将完工的关键时刻,一切准备就绪,当大梁升到预定高度时,榫卯却悬而不合。雷金玉自告奋勇,借梯攀爬上去,"啪啪啪"三斧头大功告成。康熙帝现场亲睹,召见奏对,钦赐内务府总理钦工处掌案,赏七品官。

雷声澂是雷金玉幼子,父亲逝世时出生仅3月。其母抱着幼子在工部哭诉,为雷家争得孩子成年后重掌样式房资格。这位我们不知姓名的可怜寡母,却为"样式雷"传承作出了特别贡献。

第5代"样式雷"雷景修,父亡时仅22岁。他谨遵父言,将"样式房"掌案职位交予其父同事。自己甘居其下,兢兢业业奋斗24年,凭借精湛的技艺,再任"样式房"掌案。这种不靠继承靠自我奋斗的精神,为今天的青年人作出了榜样。

第7代"样式雷"雷廷昌,因主持重建天坛祈年殿等重大工程,被赐二品顶戴。雷氏家族的荣耀至此达到了顶峰。

第8代"样式雷"雷献彩,参与主持过颐和园等工程。因清朝式微,

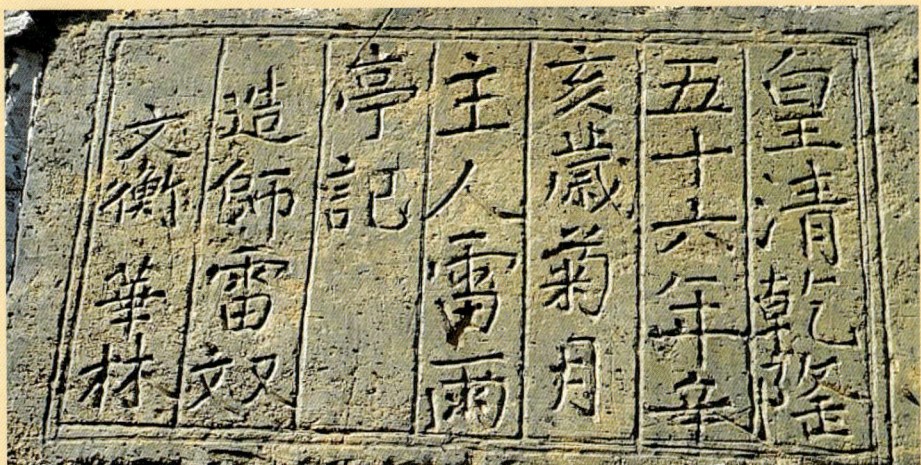

雷氏祖屋大门前的砖墙

无力投建大工程。他连娶两房，无出一子。他在失业和断子的忧愁中，郁郁而终，"样式雷"家族没落。

"样式雷"家族倾注毕生智慧和汗水，创造了世界文化遗产的家族之最，为中华民族建筑文化作出了巨大贡献，确可称为"永修八代'样式雷'，中国半部古建史"。

"样式雷"的作品非常多，如紫禁城（故宫）、中南海、北海、承德避暑山庄、圆明园、颐和园、万春园、畅春园、天坛、清东陵、清西陵、景山等，几乎涵盖了清朝所有的皇家宫殿、园林、坛庙、陵寝，此外还有京城大量的衙署、王府、私宅及御道、河堤。中国现已申报成功的世界文化遗产中"样式雷"参与建造的就有 5 项，可以说无人能比。紫禁城是皇帝生活和工作的场所，金碧辉煌，庄严绚丽，是中华文明的历史见证。天坛是帝王祭祀皇天、祈五谷丰登之所，集古代哲学、历史、数学、力学、美学、生态学于一体，是古代建筑经典的代表作。颐和园是清代皇家行宫御苑，是目前保持最完整的"皇家园林博物馆"，是中国山水园林设计中无可替代的杰作。承德避暑山庄是清王朝皇帝夏天的行宫，占地584公顷，建设耗时近90年，建筑风格各异的庙宇和皇家园林与周围的湖泊、牧场、森林巧妙地融为一体，构成了一个庞大的皇家建筑群。清东陵、西陵分别在河北省

故宫窗

遵化市和易县境内。它们的所在地都山川秀美、气候温润、日照充足、森林覆盖率高，优美的自然环境与帝后陵寝完美地融为一体。清代皇家陵寝是中国规模最大、埋葬帝后子嗣最多、功能最完备的皇家陵园。整个东、西陵气势磅礴，雄伟壮观，是中国陵寝古建筑中的精美之作。

"样式雷"最为辉煌的贡献是设计建造了"万园之园"——圆明园。它集中体现了康乾盛世皇帝的伟大梦想，不仅汇集了江南的名园胜景，还创造性地移植了西方的园林建筑。它既收藏了大量的金银珠宝和稀世文物，又栽种了大量罕见的奇花异木，集古今中外造园艺术之大成，创造了中华民族建筑艺术之最，完全可以说无与伦比、举世无双。

1860 年 10 月，英法联军闯进圆明园，抢掠之后用大火焚毁，这是中国文化史上不可估量的损失，也是世界文化史上不可估量的损失！

2007 年 8 月，联合国教科文组织公布"样式雷"图档正式入选《世界记忆名录》，它是世界文化遗产项目的延续。"样式雷"图档是指雷氏家族制作的建筑图样、烫样、工程做法及相关文献。

"样式雷"之所以能为中华民族作出如此巨大的贡献，一个重要

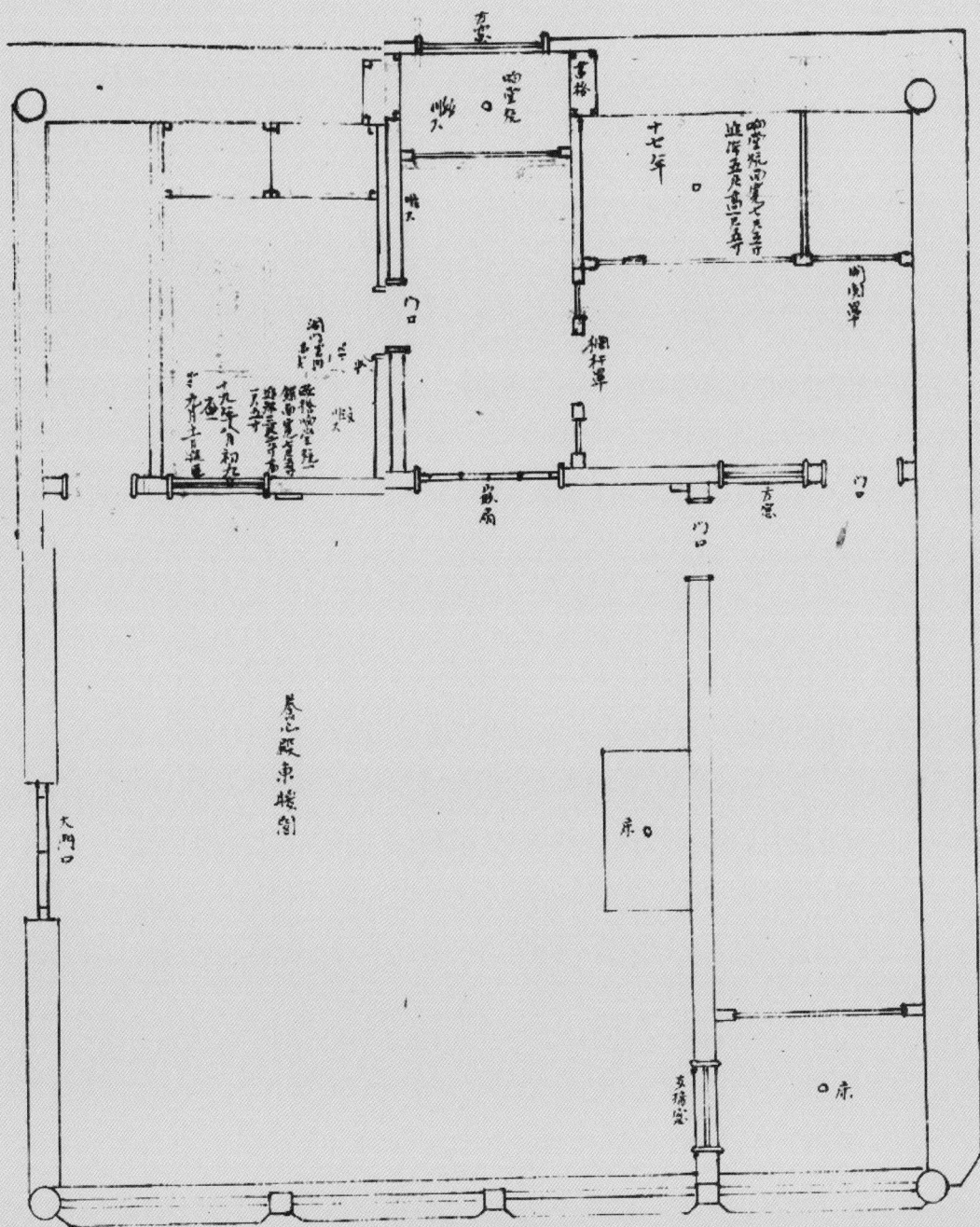

养心殿东暖阁样式雷图样

原因是他们有着精益求精的工匠精神、世代不坠的"诚德家风"。

按照永修"样式雷"专家陈前金老先生总结，"样式雷"家风主要有八条：

一是父慈子孝，兄谦弟恭；

二是尊师重孝，和亲睦邻；

三是刻苦习艺，精益求精；

四是当仁不让，大胆创新；

五是坚韧不拔，砥砺前行；

六是诚信做人，不贪不吝；

七是众处守口，独处守心；

八是贫贱不移，富贵不淫。

今天，当人们来到永修县新庄村"样式雷"的祖屋前，回顾"样式雷"家族的辉煌历史，会不由得思考：为什么"样式雷"能够发明"烫样"，成为纵横建筑业百年的建筑家族，打造出系列世界文化遗产？或许就是由于"样式雷"数百年传承的家风所蕴含的精神。而这也应该成为当下建筑业乃至各行各业都学习和发扬的重要精神。

铁路之父詹天佑

詹天佑

　　詹天佑（1861—1919），字眷诚，号达朝。祖籍徽州婺源（今属江西省上饶市），生于广东省广州府南海县（今广东省佛山市南海区）。12 岁留学美国，1878 年考入耶鲁大学土木工程系，主修铁路工程。他是中国近代铁路工程专家，被誉为中国首位铁路总工程师。1905—1909 年他主持修建中国自主设计并建造的第一条铁路——京张铁路；他创设"竖井开凿法"和"人"字形线路，震惊中外，有"中国铁路之父""中国近代工程之父"之称。他是中国近代科学技术的先驱者之一，伟大的爱国主义者，中华铁路第一人。

　　清同治十一年（1872），一艘载有 30 名统一马褂着装的中国幼童的洋轮从上海港起航远行。在资产阶级改良派"自强"的口号下，当时的清政府选送了一批幼童官费出国留学，12 岁的詹天佑也是其中之一，是第一批赴美留学的书童中的一员。

　　清光绪四年（1878），詹天佑以第二名的优异成绩毕业于纽哈芬希尔豪斯中学，并如愿考入耶鲁大学土木工程系铁路工程一科。之所以选择铁路工程，是因为詹天佑受到中国与西方在铁路建设上巨大差距的强烈冲击，感悟到闭塞的中国要振兴图强，必须首先建成四通八达、纵横交错，甚至联通世界的铁路网，而他愿意为此奉献毕生力量。

在耶鲁大学三年勤奋与刻苦的学习，使詹天佑的专业理论与实践水平有了让老师和同学赞叹的提升。他大一获得数学第一名奖金；大二再次获得数学第一名奖金；大学毕业考试，数学成绩名列全校第一。在所有赴美留学的学生中，只有他和欧阳庚顺利拿到了大学毕业文凭。詹天佑原计划在耶鲁继续攻读三年，但守旧的留学生监督陈兰彬将留美学生的"西化"视为离经叛道和洪水猛兽，而接连奏报清廷，清政府突然下令提前撤回全部留学生。

刚回国的詹天佑并没有机会从事自己钟爱的专业，而是被派往船政局学习。詹天佑聪明刻苦，虽是一切从零开始，但依旧以第一名的成绩从水师学堂顺利毕业，并被分配到福建水师，任福州船政局学堂教习，后应张之洞之邀在广东博学馆当了4年的外文老师。

光绪十四年（1888），詹天佑受邀到中国铁路公司工作。当时的中国铁路公司是清朝的官僚、买办李鸿章等人依附于帝国主义开办的，筑路资本是向英国借的，由一位名叫金达的英国人担任总工程师，公司的大权控制在英国人手里。詹天佑在铁路公司的第一个工作便是参与唐山到天津的铁路建设。这是他从耶鲁大学毕业7年后与铁路专业的首次接轨，詹天佑终于有机会一展所长了。

詹天佑是作为外国工程师助手参与唐津铁路建设的。当时，由于国内技术力量薄弱，工程设计与施工主要依赖欧美专家。唐津铁路施工的关键工程是滦河大桥，由于滦河水深浪急、地质结构复杂，工程技术难度巨大。中铁公司决定将这一工程承包给世界一流的英国铁路专家喀克斯，但英国技术却在滦河段栽了跟头，英国人打桩屡屡失败。施工负责人金达又先后请来日本和德国的工程师相助，还带来德国新研发的空气打桩法，但他们也一一败下阵来。

就在外国专家一筹莫展之际，初出茅庐的詹天佑接下了这个烫手山芋。詹天佑穿着工人的服装深入工棚，向有经验的老工人请教；走进茅草屋，与当地农民攀谈；亲自手持仪器，和工人一道测量水深、流速、河床地质……詹天佑夜以继日地奔波忙碌，使工人很受感动。连外国工程师也用惊疑和嫉妒的目光望着这位中国的工程师。经过大量的调查研究、缜密的考察测量，詹天佑终于掌握了十分系统而确切的资料。他详尽分析了各国失败的原因，又对滦河河底的地质土壤进行了周密的测量研究，决定改变桩址，采用中国传统的方法，由中国的潜水员潜入河底，配合机器进行打桩。在紧张繁忙的施工日子里，詹天佑从没离开过工地，他虚心听取工人的意见，随时改进工作方法，终于顺利地奠定了桥基，完成了滦河大桥的全部工程。在旧中国，中国人依靠自己的工程师，胜利地设计、建成了第一座铁路大铁桥，大长了中国人的志气，使那些自命不凡的外国专家也感到惊奇和恐惧。

　　詹天佑因此被选入英国土木工程师学会，成为第一位加入此学会的中国工程师。

滦河大桥

詹天佑测绘京张铁路线时用的仪器

    1903 年，清朝政府决定建筑一条新铁路——京张铁路。消息一传出，英、俄都抢着要派他们的人当总工程师，两国互相争吵，僵持不下，最后提出一个条件：清政府如果用本国的工程师来修筑铁路，他们就不再过问。在这种情况下，清朝政府被迫自筑京张铁路。1905 年，清政府任命詹天佑担任京张铁路的总工程师。

    这是第一条由中国人自己设计建造的铁路，它全长约 200 千米，一路高山深涧，悬崖峭壁，工程非常艰巨。很多人都不相信中国能够自主建成京张铁路，有外国人还嘲讽说，能在南口以北修筑铁路的中国工程师还没有出世呢。

    詹天佑不畏言、不畏难，他亲自率领工程人员，背着标杆、经纬仪，从北京出发，长途跋涉，勘测线路。塞外经常狂风怒号、黄沙满天，但不管条件怎样恶劣，詹天佑始终坚持在野外工作。白天，他攀山越岭，勘测线路；晚上，他就在油灯下绘图、计算。为了选准线路，在长约 200 千米的路程上，他率领工程人员，先后整整往返勘测了三次，历时数月。

京张铁路有两个最艰巨的隧道工程，分别是居庸关和八达岭隧道。居庸关山势高、岩层厚，詹天佑决定采用从两端同时向中间凿进的办法。八达岭隧道长 1100 多米，是居庸关隧道的三倍长。他跟老工人一起商量，决定采用中部凿井法，先从山顶往下打两口竖井，再分别向两头开凿。外面两端也同时施工，把工期缩短了一半。

铁路经过青龙桥附近，坡度特别大。为了使火车能顺利爬上陡坡，詹天佑顺着山势，设计了一种"人"字形线路。北上的列车到了南口就用两个火车头，一个在前边拉，一个在后边推。过青龙桥，列车向东北前进，过了"人"字形线路的岔道口就倒过来，原先推的火车头拉，原先拉的火车头推，使列车折向西北前进。

京张铁路不满四年就全线竣工，比原计划提前了两年，节约经费28 万两白银，工程投资只占外国承包商索价的 20%，可谓投资少、工期短、质量好。京张铁路高效建成震动了中外，它不仅是中国近代史上的一个壮举，也是世界铁路建设史上的一个奇迹。

民国期间，詹天佑被任命为交通部技术总监兼汉粤川铁路会办，负责全国铁路的设计和技术工作。1919 年 4 月 24 日，积劳成疾、心力衰竭的中国铁路之父詹天佑在武汉仁济医院溘然长逝，时年 58 岁。他临终遗嘱语不及私，却向国家陈述三事：一、振奋发扬工程师学会活动，以兴国阜民；二、慎选人才管理俄路，以扬国光；三、就款计工，唯力是视，脚踏实地建成汉粤川全路。并称"上述三事乃天佑未了之血忱，如得到国家采纳，则天佑虽死之日，犹生之年"。

詹天佑逝世后，人们为了纪念他，特意在青龙桥站立起了他的铜像。詹天佑为中国铁路建设立下了不朽的功勋，永远受到人民的崇敬，周恩来曾赞誉他为"中国人的光荣"。

后　记

弹指一挥间，我在江西已经历14个寒暑了。为了做好文化和旅游工作，我遍访江西100个县（市、区），逐渐熟悉和掌握了这里的省情、市情和县情，了解了这里悠久的历史、璀璨的文化和丰富的旅游资源，提出并大力宣传了"江西风景独好"的旅游文化口号。我也成为江西人中的一员，被他们亲切地称为"进口老表"。

退出领导岗位以后，我主持成立了江西省文化旅游研究推广协会，针对当时江西知名度不高的现实，加大对江西的研究和推广力度，号召人人都行动起来，实现"我为江西鼓与呼"，为提高江西的美誉度和影响力作贡献。我们举办了"江西是个好地方"全球征文活动，策划打造了系列电视节目《了不起的江西名人》，举行了"江西十大旅游口号"的评选，前往北京、广东、海南、安徽、江苏等地宣传江西文化和风景，凭着大家的热情和勇气，通过走出去、引进来，创新文旅推广的新样式，在全面立体、鲜活生动地推广江西的工作中发挥了积极作用。

今年，我接到江西美术出版社和香港三联书店邀请，写作《何以江西》。我认为，从个人的视角，向国内和国际推广江西是一件很有意义的事情。本书并非全面研究江西，只是着重介绍了江西的秀美山河和人文魅力。书的开篇，简要介绍江西基本省情，用四个时间节点，展现了江西对人类发展和中华民族的伟大贡献；用绿色、红色、古色，展现了江西最大的特色和优势。本书内容分为三个部分：第一部分写江西文化，重点分析了江西文化的历史发展阶段，论述了宋明时期是江西文化发展的高峰，介绍了江西的陶瓷文化、书院文化、红色文化、禅宗文化、道教文化和赣菜文化等，点明了江西十大文化符号；第二部分写江西旅游，重点写了"江西风景独好"旅游口号的产生和品牌的打造以及江西旅游的"密码"，庐山、三清山、婺源、黄岗山、石钟山、望仙谷、葛仙村等著名景区景点；第三部分写江西名人，包括陶渊明、欧阳修、王安石、黄庭坚、文天祥等江西籍的历史文化名人和王勃、李白等对江西作出卓越贡献的外省籍杰出人物，正是因为有这些大家巨擘的存在，江西才有可能在600余年间，成为中华文化的高峰，为人类文明的发展作出如此之大的贡献。

在这里，我要感谢江西省出版传媒集团、香港联合出版（集团）、江西美术出版社和香港三联书店，因为他们的创意和精心编辑，本书才得以出版发行。感谢龙溪虎、曹雯芹、张雷、宋佳星等同志，对我的研究工作提供的帮助。特别要感谢中华人民共和国香港特别行政区第五任行政长官林郑月娥女士不辞辛劳，实地考察江西的山水人文，并为本书写下了激情奔涌的序文，对江西文旅给予充分肯定，并深信《何以江西》能够讲好"江西故事"。希望本书在吸收各方面意见的基础上进行修改后，能满足广大读者的需求，并对今后探索江西推广的途径发挥重要作用。

朱虹

2024 年 5 月

图书在版编目（CIP）数据

何以江西 / 朱虹著 . -- 南昌 : 江西美术出版社，
2024.6（2024.9 重印）
　ISBN 978-7-5480-9115-8

　Ⅰ.①何… Ⅱ.①朱… Ⅲ.①江西 – 概况 Ⅳ.
① K925.6

中国国家版本馆 CIP 数据核字（2024）第 105312 号

出 品 人　刘　芳
项目统筹　方　姝
责任编辑　姚屹雯　李安琪　肖　杰
责任印制　张维波
书籍设计　韩　超　胡文欣　　先鋒設計

何以江西
HEYI JIANGXI

著　者：朱　虹
出　版：江西美术出版社
地　址：南昌市子安路 66 号
邮　编：330025
电　话：0791-86566309
网　址：www.jxfinearts.com
经　销：全国新华书店
印　刷：浙江海虹彩色印务有限公司
版　次：2024 年 6 月第 1 版
印　次：2024 年 9 月第 3 次印刷
开　本：889 mm×1194 mm　1/16
印　张：17.5
ISBN 978-7-5480-9115-8
定　价：98.00 元